Ralph Beckmann

ALMA toppt die Turbo-Diät

Ralph Beckmann

ALMA toppt die Turbo-Diät

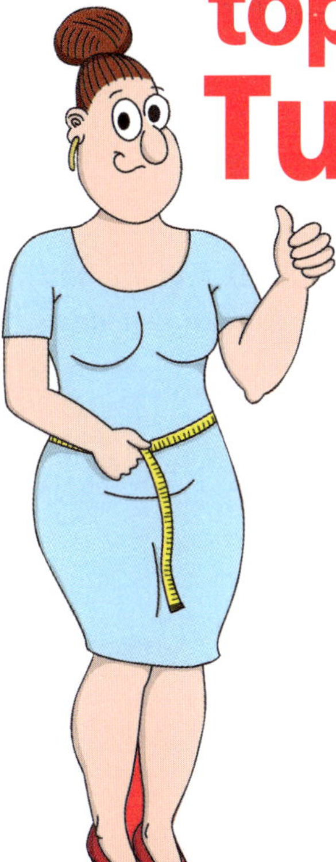

MOEWIG

Hinweis: Die Ratschläge in diesem Buch wurden vom Autor und vom Verlag sorgfältig erwogen und geprüft, dennoch kann eine Garantie nicht übernommen werden. Eine Haftung des Autors bzw. des Verlags und seiner Beauftragten für Personen-, Sach- oder Vermögensschäden ist ausgeschlossen. Bei allen medizinischen Fragen ist der Rat des Arztes maßgeblich.

Meiner Liebsten, meiner Familie und meinen verlorenen Pfunden gewidmet

10. aktualisierte Auflage

Umschlagfoto: Getty Images
Illustrationen: Uwe Steinmeier
Printed in Germany
ISBN 10: 3-8118-1922-4
ISBN 13: 978-3-8118-1922-1

Inhalt

Liebe Leserin, lieber Leser!

Die unterschiedlichsten Gründe drängen uns dazu, uns mit dem Thema „Diät" zu beschäftigen. Dem einen schmeckt die schier unendliche Palette der Lebensmittel einfach zu sehr, die andere hat nach einer Schwangerschaft Schwierigkeiten, ihr altes Gewicht wiederzuerlangen, der nächste hat nach dem rigorosen Verzicht auf Tabakwaren Probleme mit der Figur bekommen, ein anderer hat einen Beruf, bei dem er überwiegend sitzt, und ist auch sonst kein Freund von Bewegung, einige versuchen im Geist des Weines die Wahrheit zu finden oder aber ihnen bereitet das Getränk aus Hopfen und Malz (Gerstensaft) zu großen Genuss.

Ganz gleich, warum Sie eine Diät machen wollen, es geht darum, die Unzufriedenheit und das Unwohlsein zu bekämpfen, das man empfindet, wenn man in den Spiegel sieht, oder das aufkommt, wenn die figurbetonte Sommerkleidung aus dem Schrank geholt wird oder wenn man in den engen, kneifenden Hosen durch die Gegend rennt. Es geht darum, endlich wieder zu fühlen: „Ja, das bin ich! Super! Ja, so gefalle ich mir! Hm, gar nicht so übel!"

Ich möchte Ihnen in diesem Buch einen Weg aufzeigen, wie Sie es schaffen können, mit sich und Ihrem Körper besser umzugehen. Die Grundlage dafür soll eine leicht durchführbare Eiweiß-Honig-Diät schaffen, durch die die Verbrennungsorgane des Organismus schon nach wenigen Tagen wirksam aktiviert werden und eine effektivere Verwertung der Nahrung stattfindet.

Das Ganze natürlich mit Langzeitwirkung und ohne den gefürchteten Jo-Jo-Effekt.

Genau genommen wird unser Körper bei einer Eiweiß-Honig-Turbo-Diät einfach nur von dick auf dünn umprogrammiert.
Und am Ende möchte ich Ihnen noch ein paar einfache sportliche Übungen vorstellen, die zusätzlich dabei helfen sollen, Sie wieder ein bisschen in Schwung zu bringen.
Begleitet werden wir dabei von einer sympathischen, aufgeschlossenen Dame namens Alma, die alle Schritte der Diät und des Sportprogramms mitmachen wird, um am Ende das zu erreichen, wovon so viele von uns träumen! Sie möchte einen Körper, in dem sie sich wohl fühlt.
Lassen sie sich also von der guten Alma mitziehen, trösten, vielleicht fühlen Sie sich auch ab und zu von ihr ertappt und durchschaut. Auf jeden Fall sollen Ihnen dieses Buch und Alma dabei helfen, wieder stolz und erhobenen Hauptes durch die Welt zu wandeln und Ihr Lebensgefühl zu steigern.

Also, los geht’s. Viel Spaß!

Mein größtes Problem ist mein Bauch,
Meine Hüften und der Po sind es aber leider auch,
Von den Wangen, den runden und frechen,
Und dem Doppelkinn will ich gar nicht erst sprechen.
Auch die Beine haben einen Umfang erreicht,
Weswegen man mich oft schon mit einem Elefanten vergleicht.
Im Großen und Ganzen muss ich sagen,
Sollte mich jemand dazu fragen,
(Das versetzt mir einen echten Knock-out)
Meine Figur hab' ich mir ganz schön versaut.

I. Das müssen wir über unseren Körper und unsere Ernährung wissen

Damit Sie wissen, wohin Sie wollen, und um eine echte Chance zu haben, dieses Ziel auch wirklich zu erreichen, müssen Sie erst einmal wissen, wo Sie herkommen.
Um Fehler auszubügeln, muss man erkennen und wissen, warum man diese Fehler macht. Und um eine Diät erfolgreich durchzuführen, ist es unabdingbar, dass man zuerst einmal seinen eigenen Körper versteht und weiß, warum bestimmte Verhaltensweisen nicht gut für ihn sind und wie sie am sinnvollsten geändert werden können.

Alma macht sich ihre Gedanken …

Es gab einmal die „alten Zeiten, wo das Wünschen noch geholfen hat …“ Doch die sind vorbei. Zwar beginnt das Märchen der Brüder Grimm vom Froschkönig so und es hat auch ein tolles Happy End – da ist ein unförmiger, ekliger Frosch, der zum gut aussehenden, jungen und vor allem schlanken Märchenprinzen wird –, aber, ach, wenn das doch so einfach wäre! Und auch nicht jedes hässliche Entlein wird automatisch zum schönen, eleganten und stolzen Schwan.
Das sind halt nur Märchen. Seine Traumfigur bekommt man leider nicht durch einen bloßen Kuss. Aber im Wort „Traumfigur“ steckt ja auch schon der Begriff Traum. Und Träume sind Schäume.

Ein Einzeller, der hat's nicht leicht,
Weil's hinten und vorne einfach nicht reicht.
Er kann weder hören noch gucken
Und hat noch nicht mal 'n Mund zum Spucken.
Da der kleine Kerl jedoch kaum was frisst,
Gibt's auch was Positives, das zu melden ist:
Er braucht weder einen Arzt, der ihn berät,
Noch eine aufwendige, anstrengende Diät.

Da stehe ich also vor meinem Spiegel. Und der ist nicht breit genug, damit ich mich ganz darin sehen kann. Dabei habe ich doch extra meinen schönen neuen blauen Pullover angezogen. Und was hat er gebracht?
Man schimpft mich einen „blauen Elefanten“! Nicht etwa einen rosa Elefanten, denn so nennt man ja nur Wunschträume. Und wenn ich an meine Figur denke, ist mein rosa Elefant, dass mich keiner mehr blauer Elefant nennt!
Manchmal wünsche ich mir, ich wäre ein Einzeller. Der schwimmt durch die Welt, frisst hier und da einen anderen Einzeller, macht sich keine Sorgen um Morgen, muss nicht zum Arzt, hat keine Waage im Badezimmer stehen, weiß nicht einmal, was das Wort Diät überhaupt heißt – und wenn er zu dick wird, dann teilt er sich einfach und schon wiegt es nur noch die Hälfte! Und die Sorge, dass ihn jemand unattraktiv finden könnte, weil seine Rundungen doch etwas zu üppig geworden sind, die hat der Einzeller auch nicht.
Ich nehme mal an, das war Jahrmillionen und Aberjahrmillionen so: nicht nur bei den Einzellern, auch bei den Seegurken, die ja nun niemand wirklich attraktiv finden kann.
Auch die Urmenschen kannten mein Problemchen sicher nicht, die wären wohl gerne etwas molliger und üppiger gewesen.
Sie standen früh am Morgen auf, zogen sich ihre Felle über, traten aus ihrer Höhle und waren dann den ganzen lieben langen Tag unterwegs, sammelten Beeren und Früchte und Knollen und was sonst noch alles, und die Herren der Schöpfung rannten hinter Mammuts, Auerochsen, Säbelzahntigern und ähnlichem Getier her und

Seit vielen Menschheitsepochen
Kann man auf dem Feuer kochen.
Es wurde darauf gebrutzelt und gebraten,
Vieles ist natürlich auch missraten.
Es wurde immer weiter experimentiert,
Neue Gewürze wurden ausprobiert.
Am Ende war das Produkt nicht immer ein Genuss
Und schaffte den Menschen oft Verdruss.
Doch trotz allem muss man ehrlich sagen:
Das Feuer bereitet nicht nur Plagen.
Und gekocht wird darauf nicht nur Stuss,
Sondern auch Speisen von echtem Genuss.

schlugen mit Keulen darauf ein. Die mussten nicht ins Fitness-Studio, um genügend Bewegung zu haben.
Ich aber sitze den ganzen Tag auf meinem Stuhl im Büro, und die einzige Bewegung, die ich habe, ist der Griff nach dem Telefonhörer – oder nach der Tafel Schokolade, die mir über schlimme Zeiten mit Kummer und Stress hinweg hilft. Die Tafel Schokolade kann zwar weder vor mir davon laufen, noch wirkt sie so bedrohlich wie ein ausgewachsenes Mammut. Aber eine Gefahr für mich ist sie doch.
Ich glaube sowieso, dass Knollen und Kleinvieh nicht so super waren, dass man davon zu viel aß und dick wurde. Die Urmenschen waren doch alle froh, wenn sie das Zeug heruntergewürgt hatten.
Obwohl: Als dann irgendeine clevere Urfrau den Trick mit dem Feuer erfunden hatte, konnten sie ihre Mammutschenkel grillen, kochen und garen. Das hat sicher geschmeckt.
Aber so ein Mammut ist ja verflixt groß – die konnten nie sicher sein, dass sie am nächsten Tag auch noch eines erwischten … es wird sicher vorgekommen sein, dass das Mammut mal sie erwischte. Dann musste die ganze Sippe hungern.
Die Natur ist ja schlau, und ich weiß, dass die Leute in der Zeit, in der sie viel zu essen hatten, Fettreserven ansetzen mussten, von denen sie in schlechten Zeiten zehren konnten. So ist es jetzt noch: Wenn wir genug Nahrung haben, setzen wir an, damit wir später, wenn das Essen knapp wird, nicht gleich vom Stuhl fallen.
Aber Nahrung genug haben wir heute eigentlich rund um die Uhr, denn in der Tankstelle gibt es ja auch nach Mit-

ternacht noch Schokolade und andere leckere Sachen zu kaufen. Sieht mir ganz danach aus, als hätte die Natur da einen genialen Trick auf Lager, der jetzt so allmählich nach hinten losgeht: Ich zumindest brauche keine weiteren Fettreserven! Früher vielleicht kämpften die Menschen ums Überleben, heute aber kämpfe ich gegen mein Übergewicht!
Vielleicht war die Natur ja wirklich zu geschickt: Jedenfalls ist überall, wo guter Geschmack drin ist, auch irgend etwas drin, was fett macht. Ich muss nur an das denken, was ich so gerne esse: das Täfelchen Schokolade hier, die Kartoffelchips dort, das Becherchen Eiscreme, das Bierchen zum Entspannen, der leckere Nachtisch.

Alles, was mir schmeckt,
Weil es die Lebensgeister weckt,
Legt leider auch Fettreserven an,
Unter denen leide ich dann:
Mollig zu werden ist nicht schwer,
Schlank zu werden … aber sehr!

Ein Bier, das gönn' ich mir,
Das ist ein echtes Lebenselixier.
Wohlbefinden breitet sich in uns aus,
Sehr gut passt dazu auch ein kleiner Schmaus.
Man trinkt dann auch gerne noch ein zweites
Und glaubt, man redet nur noch Gescheites.
Man fühlt sich plötzlich phänomenal
Und amüsiert sich kolossal.
Jedoch der bange Blick auf unsere Waage
Bestraft uns dafür am nächsten Tage.

Ich träume jetzt mal:
Es müsste doch etwas geben, irgendein Zauberpulver, das meinen Körper daran hindert, dass er an sieben magere Jahre denkt, wenn ich gerade meine sieben fetten Jahre habe. Irgendwas, das mir all die Nährstoffe gibt, die ich brauche, während ich Diät mache (wenn's denn sein muss!), das aber dafür sorgt, dass ich keinen Hunger habe, auch wenn ich nichts esse.
Aber da muss schon Mirakulix kommen und diesen Zaubertrank mischen, oder? Obwohl: der ist ja selbst bei Obelix schon überfordert!
Und doch ist es vielleicht kein Traum:
Jedenfalls hat mir meine Freundin Olga (als wir gerade wieder bei einer leckeren Schwarzwälder Kirschtorte in der Konditorei saßen) erzählt, dass sie so ein Zauberpulver in der Apotheke gesehen und gekauft hat.
Und was soll ich sagen?
Olga sieht jetzt so aus, wie ich gerade gerne aussehen würde. Kein Gramm zu viel, die Röllchen am Bauch sind verschwunden, das Doppelkinn ist wieder ein einziges, und sie stellt sich ohne Gram auf die Waage. Sie hat sich sogar ein zweites Stück Kirschtorte bestellt! Das Mittel funktioniert also, und gehungert habe sie auch nicht, meint Olga. Das sei alles ganz einfach gewesen.
Aber ich bin da erst einmal skeptisch:
Zu viele Wunderdiäten habe ich schon ausprobiert und war dann nach der Diät noch vollschlanker und üppiger als zuvor. Jaja, das war dann wohl der berüchtigte und gefürchtete Jojo-Effekt, das Supermittel der Natur gegen das Verhungern.
Mit den Vorher-Nachher-Bildern in den Zeitschriften habe

ich jedenfalls nicht viel Ähnlichkeit gehabt. Naja, mit dem Vorher-Bild schon. Nur mit der „traumhaften Bikini-Figur“, da hat es denn schon gehapert. Ich will jetzt aber erst einmal genauer herausfinden, wie mein Körper so funktioniert, bevor ich Olgas Rat annehme und das Pülverchen selbst teste.
Schließlich kann ich nur etwas für meine Traumfigur tun, wenn ich weiß, wie ich sie mir verhunzt habe.

Bücher kann man wohl verschlingen
(Und sie machen auch nicht fett),
Wie schön wäre es, würde die Diät gelingen,
Wunderbar wäre das, ja wirklich nett!

Vielleicht klappt es ja mit diesem
Buch. Meine Pfunde, diese fiesen
Zu verlieren, nicht zu verfluchen.
Ich werde es versuchen!

Das ist nicht ganz einfach. Da liegt zwar ein Stapel Bücher vor mir, die alle angeblich „leicht und anschaulich“ erklären, wie das so kommt mit dem Fett und dem Abnehmen und dem Zunehmen, doch es wimmelt darin nur so von Fachausdrücken und Fremdworten wie „freie Radikale“, „Enzyme“, „Ballaststoffe“, „Mineralstoffe“ und so weiter und so fort. Ich hoffe doch, dass ich ein Buch finde, in dem all das wirklich leicht verständlich und anschaulich erklärt wird. Mal sehen, ob ich mir dann darauf einen Reim machen kann.

Den Bauch hauen wir uns voll –
Manchmal fragt man sich, was das soll.
Da werden Berge von Fleisch in den Schlund gestopft,
Wobei uns das Fett aus den Mundwinkeln tropft.
Dazu werden auch noch schwere Soßen gereicht,
Deren Verdauung ist nicht gerade leicht.
Salate hingegen lassen wir meist liegen,
Die kann später das Meerschweinchen kriegen.
Und am Ende dieser Völlerei,
Gibt's dann noch 'ne süße Leckerei.
Egal, ob wir Pudding, Törtchen oder Eiscreme nehmen,
Es sind Kalorienbomben, und zwar die ganz extremen.
Kein Wunder, dass wir danach kaum noch laufen können
Und uns zu gerne ein kleines Schläfchen gönnen.
Doch die Strafe für unsere Maßlosigkeit,
Die kriegen wir – mit Sicherheit.

Was wir über die Nährstoffe in unserer Nahrung wissen sollten

Da hat sich die liebe Alma so ihre Gedanken gemacht über Lust und Frust mit dem Gewicht. Um einen zufrieden stellenden Weg aus dem Dilemma zu finden, dass sich unser Körper nach wie vor so verhält, als seien wir hungrige Urmenschen, wenden wir uns zunächst einmal den Grundlagen der Ernährungslehre zu, damit wir wissen, was gut und was schlecht für unseren Körper ist.

Entscheidend sind die Nährstoffe, die in unseren Lebensmitteln enthalten sind, also alle Nahrungsbestandteile, die einen Nährwert haben und somit Energie liefern.

Es gibt drei Hauptnährstoffe:

- Eiweiß,
- Fett und
- Kohlenhydrate

Sie sind für uns Menschen lebenswichtig.

Darüber hinaus zählen aber auch

- Alkohol und
- organische Säuren (zum Beispiel Milchsäure und Fruchtsäuren)

zu den Nährstoffen. Sie sind für uns jedoch nicht lebenswichtig.

Der Energiegehalt der Nährstoffe, der sehr unterschiedlich ist, wird in Kilokalorien (kcal) oder in Kilojoule (kJ) angegeben (1 Kilokalorie = 4,184 Kilojoule).

Energiegehalt der Nährstoffe

1 Gramm	Eiweiß	= 4,1 kcal
1 Gramm	Fett	= 9,3 kcal
1 Gramm	Kohlenhydrate	= 4,1 kcal
1 Gramm	Alkohol	= 7,1 kcal
1 Gramm	organische Säuren	= 3,0 kcal
(Durchschnittswert)		

In unseren Lebensmitteln sind natürlich außer den Nährstoffen auch noch zahlreiche andere Substanzen enthalten, die keine Energie liefern.

Das sind zum einen solche, die für uns wichtig und nützlich sind, zum Beispiel Wasser, Vitamine, Mineralstoffe (Mengen- und Spurenelemente), Ballaststoffe und sekundäre Pflanzenstoffe, zum anderen aber auch unerwünschte Substanzen wie zuviel Cholesterin, Purin und verschiedene Schadstoffe.

Sehen wir uns die Nährstoffe doch einmal etwas genauer an:

Fette/essenzielle Fettsäuren

Interessant ist zunächst einmal der Aufbau eines Fettmoleküls. Das gute Stück setzt sich aus dem Grundkörper Glycerin und drei Fettsäuren zusammen. Die Art dieser Fettsäuren, die durch die Kettenlänge und die Anzahl der Doppelbindungen bestimmt wird, legt wiederum den gesundheitlichen Wert des Fettes fest.
Man unterscheidet dabei zwischen einfach ungesättigten Fettsäuren (Ölsäuren) und mehrfach ungesättigten Fettsäuren (Linolsäuren), die beide hauptsächlich pflanzlichen Ursprungs, gesundheitlich wertvoll, etliche davon sogar lebensnotwendig (essenziell) sind, sowie den gesättigten Fettsäuren, die überwiegend in Butter, Schmalz und Kokosfett enthalten sind.
Dummerweise erhöhen diese gesättigten Fettsäuren unseren Blutfettspiegel und somit auch die Anfälligkeit für Herz- und Kreislauferkrankungen. Man muss also sehr sorgfältig darauf achten, wie viel und welche Art von Fett man zu sich nimmt.
Als Faustregel sollte man sich merken, dass die tägliche Fettzufuhr maximal 30 % der Gesamtenergieaufnahme betragen und zu jeweils einem Drittel aus gesättigten, einfach ungesättigten und mehrfach ungesättigten Fettsäuren bestehen sollte.
Die essenziellen Fettsäuren, die nachweislich nicht zu einer Erhöhung des Cholesterin- und Blutfettspiegels führen, sind wichtig für den Aufbau der Zellmembranen, für die Bildung vieler Hormone und auch für den Transport fettlöslicher Vitamine.

Fette sollten überwiegend ungesättigt sein,
Denn sonst bereiten sie uns eher Pein.
Weil sie den Blutfettspiegel heben,
Und das verkürzt dann unser Leben.

Kohlenhydrate

Auch die Kohlenhydrate werden unterschieden, und zwar in Einfach-, Zweifach- und Mehrfachzucker.
Zu den Einfachzuckern (so genannte Monosaccharide) zählen vor allem Glukose (Traubenzucker) sowie Fructose (Fruchtzucker), die, wie leicht zu erraten ist, in Obst enthalten sind. Der bekannteste Zweifachzucker (Disaccharide) ist die Laktose (Milchzucker), die in Milch und Frischmilchprodukten enthalten ist.
Alle langkettigen Kohlenhydrate, also alle größeren Zuckermoleküle, sind unter dem reizenden Namen Polysaccharide zusammengefasst. Das wichtigste dieser komplexen Kohlenhydrate ist die Stärke, die in Kartoffeln, Getreide oder Hülsenfrüchten enthalten ist. Die Kohlenhydrate liefern den grössten Energieanteil in unserer täglichen Nahrung. Sie werden zu Glucose, dem Traubenzu-

cker abgebaut, der auch den Blutzuckerspiegel bildet. Man sollte darauf achten, dass man Nahrungsmittel zu sich nimmt, die den Blutzuckerspiegel nur langsam ansteigen lassen. Das sind Nahrungsmittel mit sogenanntem niedrigem glykämischem Index – sie garantieren so eine lang anhaltende Leistungsfähigkeit.
Dazu gehören beispielsweise beispielsweise Vollkornprodukte, Gemüse, Salate, Pellkartoffelnund Naturreis.

Kohlenhydrate sind ganz schön wichtig,
Also seid damit ja nicht knickrig.
Sie sorgen für unser Wohlbefinden
Und dafür, dass uns die Sinne nicht schwinden.
Ja, sie sind ein echter Segen,
Das ist nicht zu widerlegen,
Denn sie geben uns die Energie, die wir brauchen,
Damit wir nicht auf allen vieren krauchen.

Eiweiß

Jeder pflanzliche und tierische Organismus enthält Tausende von verschiedenen Eiweißtypen. Sie sind die vielseitigsten Bestandteile der lebenden Zelle. Man kann sagen, dass Leben ohne Eiweiß gar nicht möglich wäre. Eiweiße lassen unser Blut gerinnen, wehren Infektionen ab, bewirken die Muskelbewegungen, ermöglichen den Stoffwechsel, verleihen dem Gewebe eine feste Struktur und sind für viele weitere wichtige Prozesse in unserem Körper mit verantwortlich.
Die Bausteine des Eiweiß sind die Aminosäuren. Von den 20 Aminosäuren, die der Körper zur Herstellung von Eiweißen benötigt, kann er nur 12 synthetisieren (also selbst produzieren). Die anderen acht sind essenziell und müssen deshalb täglich mit der Nahrung aufgenommen werden. Soja und Milch sowie Milchprodukte enthalten diese Aminosäuren, deshalb sind Sojaeiweiß und Milcheiweiß auch besonders hochwertig. Aber auch Hülsenfrüchte sowie Fleisch, Fisch und Eier sind reich an Eiweiß.
Eiweiß wird nicht nur für die Entwicklung aller Körperstrukturen benötigt, sondern auch für unser Wachstum. Es sollte mindestens 15 % unserer täglichen Nahrungsenergie ausmachen. Neueste Forschungen zeigen, dass es für unsere Fitness und Gesundheit günstig ist, den Eiweißanteil in unserer Nahrung zu erhöhen (bis 20 %) und den KH-Anteil zu senken!
Wenden wir uns nun den Nährstoffen zu, die uns zwar keine Energie liefern, die aber dennoch ungeheuer wichtig für uns sind.

Vieles, was in unserem Körper passiert,
Wird vor allem von den Eiweißen diktiert.
Sie lassen unser Blut gerinnen,
Scheuchen Krankheiten von hinnen
Und sorgen dafür, dass unsere Bäckchen nicht erschlaffen,
Indem sie unser Gewebe straffen.

Ballaststoffe

Früher wurden Ballaststoffe fälschlicherweise als unnötig angesehen, weil sie unserem Körper weder Nährstoffe noch Kalorien liefern. Doch zum Glück hat sich diese Einstellung in den letzten Jahren grundlegend geändert. Wir wissen nämlich inzwischen, dass Ballaststoffe für unsere Verdauung wichtig sind: Sie mindern zum einen die Häufigkeit von Beschwerden und wirken zum anderen präventiv bei verschiedenen Erkrankungen.
Doch was genau sind eigentlich Ballaststoffe?
Es sind unverdauliche, die Darmtätigkeit fördernde pflanzliche Nahrungsbestandteile. Man unterscheidet zwischen den unlöslichen und den löslichen Ballaststoffen.

Die unlöslichen Ballaststoffe (z.B Zellulose) sind in der Lage, viel Wasser an sich zu binden. Also quellen die guten Stücke im Darm auf und füllen ihn. Dadurch wird ein Reiz auf die Darmwand ausgeübt, das wiederum setzt den Darminhalt in Bewegung. Diesen Prozess nennt man Peristaltik. Die Ballaststoffe besitzen obendrein aber auch noch die Freundlichkeit, Gifte und Schadstoffe an sich zu binden.

Die löslichen Ballaststoffe erweisen uns wiederum einen anderen großen Dienst. Sie binden Gallensäure und schleusen sie dann auf elegante Weise aus dem Körper. Um die Neubildung von Gallensäure anzuregen, wird – was uns glücklich stimmen kann – Cholesterin aus der Nahrung benutzt. Lösliche Ballaststoffe wirken demnach also einem hohen Cholesterinspiegel entgegen und schützen uns somit vor Gefäßablagerungen.

Lösliche Ballaststoffe befinden sich vor allem in Äpfeln und anderen pektinhaltigen Früchten sowie in Haferkleie. Reich an unlöslichen Ballaststoffen sind die meisten Gemüsesorten, Weizenkleie, Trockenfrüchte und natürlich Vollkornprodukte. Empfohlen wird, täglich mindestens 30 Gramm Ballaststoffe zu sich zu nehmen. Bei einer ballaststoffreichen Ernährung sollte jedoch darauf geachtet werden, dass unserem Körper gleichzeitig auch viel Flüssigkeit zugeführt wird.

Ballaststoffe schaffen uns Befriedigung,
Denn sie bringen unseren Darm in Schwung.
Auch dem Cholesterinspiegel geht es an den Kragen,
Und das bereitet dem Körper großes Behagen.
Wir sollten immer genug davon zu uns nehmen,
Dann bleiben wir auch verschont von Problemen.

Mineralstoffe
(Mengen- und Spurenelemente)

Mineralstoffe sind für unseren Knochenaufbau sehr wichtig, darüber hinaus sind sie aber auch für die Konstanz des Wasserhaushaltes, die Zellregulierung und den Energiestoffwechsel von großer Bedeutung. Mineralstoffe liegen in trockenem Zustand als Salze vor, wenn jedoch Wasser ins Spiel kommt, spalten sie sich in positiv geladene Kationen und negativ geladene Anionen.
Tierische Nahrungsmittel sind durch ihren Überschuss an Phosphat, Chlorid und Sulfat überwiegend Säurebildner, während pflanzliche Nahrungsmittel, aber auch Milch, durch ihren Gehalt an Kalium, Natrium und Calcium über-

wiegend Basenbildner sind. Die Säurebildner überwiegen in unserer normalen Ernährung. Ernährungsfachleute empfehlen jedoch, das Verhältnis umzudrehen und mehr „basenbildende“ Nahrungsmittel zu verzehren, denn auf diese Weise können wir einigen Zivilisationskrankheiten wie Übergewicht, Gicht, Rheuma, Diabetes und Herz-Kreislauferkrankungen sinnvoll vorbeugen (siehe auch Seite 70 f ➛ Säure-Basenhaushalt).

Ohne Mineralstoffe wird's 'nen Leistungsabfall geben.
Dann fällt's uns sogar schwer, uns zu erheben.
Auch mit der Erotik haben wir dann nicht mehr viel am Hut,
Denn die Müdigkeit ist einfach zu akut.
Drum rat' ich jedem, bevor er schmollt,
Wenn ihr im Leben Spaß haben wollt,
Müsst ihr eurem Körper Mineralstoffe geben,
Dann könnt ihr so manches Wunder erleben.

Zu den Mengenelementen gehören Natrium, Calcium, Kalium, Magnesium und Phosphor, während es sich bei Eisen, Zink, Kupfer, Mangan, Jod, Silizium, Selen und Fluor um Spurenelemente handelt. Diese müssen nur in kleinen Mengen (< 0,02 g täglich) aufgenommen werden.

Ein Mangel an Mineralstoffen hat oftmals unspezifische Auswirkungen und bleibt deshalb häufig lange Zeit verborgen und unerkannt. Die häufigsten Mangelerscheinungen sind Müdigkeit, Leistungsabfall, Hautstörungen, Veränderungen an den Haaren und den Nägeln, schlecht heilende Wunden, Wadenkrämpfe und Muskelschmerzen.

Vitamine

Vitamine spielen für unsere Gesundheit eine wesentlich größere Rolle, als früher angenommen wurde. Dadurch, dass wir unserem Körper bestimmte Vitamine zuführen, lassen sich Befindlichkeitsstörungen, Beschwerden und sogar Krankheiten lindern und teilweise sogar heilen.
Die Vitamine werden in zwei Hauptgruppen unterteilt:
in die wasserlöslichen und die fettlöslichen.
Die wasserlöslichen sind die B-Vitamine und ebenso das von uns allen geliebte Vitamin C. Dummerweise werden sie (außer Vitamin B12) immer wieder durch das Blut und den Urin aus unserem Körper geschwemmt. Sie müssen deshalb täglich neu mit der Nahrung aufgenommen werden.
Die fettlöslichen Vitamine sind die Vitamine A, D, E und K. Diese können sich im Gegensatz zu den wasserlöslichen in Zellen anreichern, sie werden bei einer zu hohen Zufuhr toxisch, also giftig. Die schädlichen Konzentrationen werden aber allein durch die Aufnahme von Nahrung nicht erreicht, auch nicht, wenn man täglich zusätzlich Vitamintabletten in der empfohlenen Dosierung zu sich nimmt.
Wenn wir unserem Körper in ausreichender Menge Vita-

mine zuführen, fühlen wir uns sogleich frischer und vitaler, denn Vitamine sind ausgesprochen wichtig für unseren Stoffwechsel. Sie erfüllen dabei die unterschiedlichsten Aufgaben.
Vitaminmangelerkrankungen kommen in Mitteleuropa zwar kaum noch vor, versteckte Vitaminmangelzustände (zum Beispiel Müdigkeit, Infektionsanfälligkeit und Nachtblindheit) treten allerdings bedauerlicherweise auch heutzutage noch auf.
Kein Nahrungsmittel stellt uns alle Vitamine in ausreichender Menge zur Verfügung. Deshalb müssen wir auf eine ausgewogene Ernährung mit naturbelassenen Lebensmitteln achten, um unsere Vitaminversorgung zu sichern.
Achtung! Langes Erhitzen und Lagern zerstört Vitamine.

Vitamine liegen voll im Trend,
Sie verleihen uns echtes Temperament.
Einen Mangel sollten wir auf jeden Fall verhindern,
Natürlich auch bei unseren lieben Kindern.
Sie sind sehr gut für Haut und Haar,
Bedenkt jedoch die Gefahr:
Ohne sie schlafft ihr ab
Und liegt ruckzuck im Grab.

Sekundäre Pflanzenstoffe

Unter sekundären Pflanzenstoffen versteht man die Substanzen, die eine Pflanze als Wachstumsregulatoren, als Farbstoff oder als Abwehrstoffe gegen Schädlinge bildet. Sie werden aufgrund ihrer unterschiedlichen chemischen Struktur in zehn verschiedene Gruppen eingeteilt:

- Karotinoide (in Gemüse und roten und gelben Früchten)
- Saponine (in Hülsenfrüchten)
- Polyphenole (in grünblättrigem Gemüse, in den Randschichten von Obst und Gemüse)
- Phytosterine (in Pflanzensamen und -ölen)
- Lektine (in Hülsenfrüchten und Getreide)
- Sulfide (in Knoblauch, Zwiebeln und Kohlgemüse)
- Glukosinolate (in Senf, Kohlrabi, Meerrettich und verschiedenen Kohlarten)
- Protease-Inhibitoren (in verschiedenen Planzensamen, zum Beispiel von Getreide)
- Monoterpene (als Aromastoffe unter anderem in Limonen, Kümmel und Pfefferminz)
- Phytoöstrogene (in Vollkornprodukten, Sojabohnen und Leinsamen)

Darüber hinaus gibt es noch eine Reihe weiterer sekundärer Pflanzenstoffe, die sich nicht in diese Gruppen einordnen lassen, zum Beispiel die Phytinsäure.
Laut der Gesellschaft für Ernährung haben sekundäre Pflanzenstoffe in vielerlei Hinsicht eine nachgewiesen günstige Auswirkung – Karotinoide sollen cholesterinsenkend, Polyphenole entzündungshemmend, Sulfide blutdruckregulierend und Lektine blutzuckerregulierend wirken.

Nährstoffe und ihre Funktionen

Mineralstoffe

Mineral	enthalten in	Gehalt im Körper (g)	Tagesbedarf (g)	wichtig für
Natrium	Kochsalz, Meeresfrüchten, Geflügel, Fleisch, Fisch	100	1,1-3,3	Flüssigkeitshaushalt, Muskeltätigkeit, Lymphflüssigkeit, Entgiftung
Kalium	Getreide, Gemüse, Früchten (z.B. Aprikosen und Bananen)	150	1,9-5,6	Flüssigkeitshaushalt, Wachstum, Entgiftung, Zellstoffwechsel
Kalcium	Milch, Milchprodukten, grünem Blattgemüse, Kräutergewürzen	1300	0,8	Knochen, Zähne, Nerven, Blutgerinnung, Muskeltätigkeit
Magnesium	Gemüse, Soja, Salat, Hülsenfrüchten, Nüssen, Milch, Weizenkeimen	20	0,35	Immunsystem, Nerven, Muskeltätigkeit, Hormonproduktion
Chlorid	Kochsalz, Oliven, Algen, Roggen	100	1,7-5,1	Mineralstoffwechsel, Magensäure, Entgiftung, Gelenke, Sehnen
Phosphat	Fleisch, Milch, Geflügel, Eiern, Vollkorn, Nüssen	650	0,8	Knochen, Zähne, Gehirnzellen, Zellstoffwechsel, Nierenfunkion
Sulfat	Eiweiß (Vorstufe)	200	0,2	Fremdstoffentsorgung

Spurenelemente

Spurenelemente (Metalle)	enthalten in	Tagesbedarf (mg)	wichtig für
Eisen	Fleisch, Eiern, grünem Blattgemüse, Vollkorn, Hülsenfrüchten	10	Produktion von Blutfarbstoff, Sauerstofftransport, Zellatmung Bindegewebe
Zink	Fleisch, Vollkorn, Weizenkeimen, Kürbis	15	Immunsystem, Sexualfunktionen
Kupfer	Fleisch, grünem Blattgemüse, Vollkorn, Nüssen, Meeresfrüchten	3	Knochenbau, Enzyme, Pigmentierung, Nervenzellen
Mangan	Vollkorn, Eigelb, grünem Gemüse, Nüssen	4	Knochenbau, Blutbildung, Gehirn, Nerven, Hormonproduktion
Chrom	Fleisch, Vollkorn, Pilzen, Hülsenfrüchten	0,2	Blutzuckerspiegel, Kohlenhydratstoffwechsel

Spurenelemente (Nichtmetalle)	enthalten in	Tagesbedarf (mg)	wichtig für
Selen	Fleisch, Vollkorn, Fisch, Knoblauch	0,1	Immunsystem, Sauerstoffversorgung, Sehkraft
Jod	Meerestieren, Jodsalz	0,2	Schilddrüse, Vitalität, Zellenergie
Flour	Trinkwasser, Milch, Meeresfrüchten	1,5	Knochen, Zähne, Wachstum

Nährstoffe und ihre Funktionen

Vitamine

Vitamin	enthalten in
Vitamin A (Retinol)	grünem, gelbem und rotem Gemüse, Leber, Milchprodukten
Vitamin B_1 (Thiamin)	Vollkornprodukten, Gemüse, Hülsenfrüchten
Vitamin B_2 (Riboflavin)	Eiern, Milch, Vollkornprodukten, Schweinefleisch, Soja, Hefe
Niazin (Nikotinsäure)	Fleisch (Huhn, Kaninchen), Fisch, Hülsenfrüchten, Nüssen, Gemüse
Folsäure	grünem Gemüse, Leber, Milch, Weizenkeimen
Pantothensäure	Vollkornprodukten, Eigelb, Leber
Vitamin B_6 (Pyridoxin)	Hülsenfrüchten, Nüssen, Bananen, Bohnen, Avocados, Leber, Milch
Vitamin B_{12} (Cobalamin)	Fleisch (Leber, Nieren), Fisch, Eigelb, Käse
Vitamin C (Ascorbinsäure)	Obst, bes. Zitrusfrüchten, Gemüse, Tomaten, Petersilie
Vitamin D	Eiern, Fisch (Hering, Thunfisch), Vollmilch
Vitamin E (Tocopherol)	Weizenkeimen, Eiern, Pflanzenölen, Nüssen, Vollkornprodukten
Vitamin H (Biotin)	Soja, Hefe, Tomaten, Kleie, Naturreis
Vitamin K (Phyllochinon)	grünem Gemüse (Spinat, Kohl), Milch, Kartoffeln, Leber

Tagesbedarf (Erwachsener	wichtig für
0,8-1,0 mg Mangel selten	Augen, Blut, Verdauungssäfte, Haut und Schleimhäute
1,3-1,8 Mangel häufig	Nerven, Wachstum, Gedächtnis, Darmtätigkeit
1,8-2,0 mg Mangel häufig	Fett-, Eiweiß- und Kohlenhydratstoffwechsel, Augen, Haut, Haare und Zellatmung
15-20 mg Mangel selten	Kreislauf, Cholesterinspiegel, Hormonproduktion, Haut, Verdauung
0,16-0,4 mg Mangel häufig	Eiweißstoffwechsel, Gehirn, rote Blutkörperchen
8-10 mg kein Mangel	Stoffwechsel von Fettsäuren und anderen Säuren
1,6-2,1mg, Mangel selten	Eiweißstoffwechsel, Immunsystem, rote Blutkörperchen
0,005 mg, Mangel bei Vegetariern möglich	Aufbau von Aminosäuren, Bildung roter Blutkörperchen
75 mg Mangel bei zu wenig Obst und Gemüse	Immunschutz, Oxidations- und Reduktionsvorgänge
0,005 mg Mangel bei wenig Sonnenlicht, übermäßige Zufuhr schadet	Knochen, Zähne, Nerven, Blutgerinnung
10-15 mg kein Mangel	Durchblutung, Immunschutz der Zellen, Herzmuskel, Oxidationsschutz
0,25 mg Mangel selten	Haut, Haare, Fingernägel, Blutzuckerspiegel, Fettverwertung, Muskelzellen
0,001-2,0 mg auch Synthese durch Darmflora möglich	Blutgerinnung, Knochenbildung

Unerwünschte Nahrungsbestandteile

Die größte Bedeutung kommt hier dem Cholesterin zu, das vorwiegend in fetten tierischen Nahrungsmitteln enthalten ist. In pflanzlichen Fetten ist es nur wenig oder gar nicht vorhanden. Eine hohe Cholesterinzufuhr wird für Herz-Kreislauferkrankungen mitverantwortlich gemacht. Wir sollten also auf jeden Fall bei unserer Ernährung darauf achten, dass unser Cholesterinspiegel nicht mehr als 200 mg pro 100 ml Blut beträgt.
Im Gegensatz zu Cholesterin sind die Purine kaum bekannt. Sie sollten es aber sein: Eine hohe Purinzufuhr kann zu einem erhöhten Harnsäurespiegel und zu Gicht führen. Der Purinanteil hängt von der Menge der Nukleinsäure ab, d.h. von der Zahl der Zellen in einem Nahrungsmittel. Leber ist zum Beispiel besonders purinreich, gefolgt von Hülsenfrüchten und Muskelfleisch. Kartoffeln, Getreide und Obst sind dagegen purinarm, Milch, Öle und Zucker purinfrei. Das Besondere an pflanzlichen Purinen ist, dass sie den Harnsäurespiegel im Blut nicht erhöhen.

Das Normalgewicht

Wie wir alle wissen, führt Übergewicht nicht nur zu Verschleißerscheinungen zum Beispiel an den Gelenken, sondern verursacht auch viele gesundheitliche Schäden an den Organen. Die Lungenfunktion kann eingeschränkt werden (Atemnot, schnelle Ermüdung), das Herz-Kreislaufsystem wird in verstärktem Maße belastet, das Risiko für Bluthochdruck, Herzinfarkt und Schlaganfall erhöht

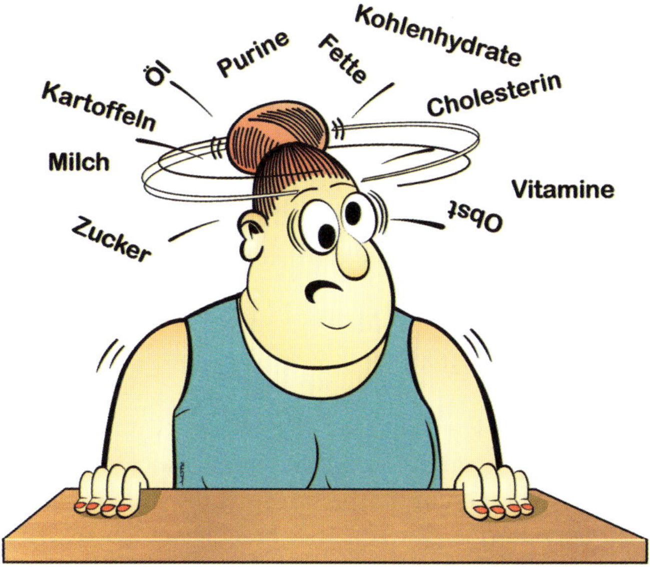

Oh Mann, das ist ganz schön viel –
Wie komme ich denn bloß ans Ziel?
Ich will abnehmen und gesund leben,
Das ist mein einziges Bestreben.
Ich hab' zwar Wissen angehäuft,
Was aber meinen Kummer nicht ersäuft,
Wie also schaff' ich's, Pfunde zu begraben,
Um endlich mehr Sex-Appeal zu haben?

sich und Diabetes mellitus wird gefördert. In einer Studie der amerikanischen Krebsforschungsgesellschaft wurde sogar davon berichtet, dass Übergewicht das Krebsrisiko erhöht.
Um gesundheitliche Schäden zu vermeiden, sollten wir mehrmals in der Woche ein wenig Sport treiben, uns gesund ernähren und versuchen, unser Normalgewicht zu halten.

Es gibt zwei gängige Methoden, um dieses Normalgewicht zu errechnen.

Das Broca-Sollgewicht (Normalgewicht) wird berechnet, indem man von der Körpergröße (in Zentimetern) die Zahl 100 subtrahiert (zum Beispiel Körpergröße 170 minus 100 = 70 kg = Normalgewicht). Bei Frauen werden zusätzlich noch einmal 10 % abgezogen.
Diese Methode ist jedoch veraltet und sollte nicht mehr verwendet werden. Für kleine und sehr große Menschen führt sie zu ungenauen Werten.

Verlässlichere und genauere Aussagen können Sie durch den Körper-Massen-Index (Body Mass Index = BMI) ermitteln. Das ist der Quotient aus dem Körpergewicht und dem Quadrat der Körpergröße.

Um mein Normalgewicht zu erreichen,
Müssen noch einige Pfunde weichen.
Aber ich werde es schon schaffen,
Ganz gleich auch mit welchen Waffen.
Damit im nächsten Urlaub, den wir machen,
Die Leute nicht wieder über mich lachen
Und ich mit stolz geschwellter Brust,
– Das bereitet mir natürlich echte Lust –
Am Strand entlang wandeln kann
(Auf Mallorca, nehmen wir mal an),
Ohne diese dummen Sprüche und Blicke:
„Guck mal da vorne, diese Dicke!“

Zum Beispiel:

$$\text{BMI} = \frac{\text{Körpergewicht 75 kg}}{\text{Körpergröße 1,75 m x 1,75 m}} = 24{,}5$$

BMI = 24,5 kg/m^2

Ermitteln Sie einmal Ihren BMI und vergleichen Sie ihn mit dem Richtwerten dieser Tabelle:

	Frauen	Männer	
BMI	< 19	< 20	untergewichtig
	19-24	20-25	Idealbereich
	24-30	25-30	leichtes Übergewicht
	> 30	> 30	starkes Übergewicht

Was sind freie Radikale? Und wie können wir die kleinen Biester im Zaume halten?

Wir müssen uns jetzt mit einer höchst interessanten Erscheinung auseinandersetzen, und zwar mit den freien Radikalen.

Diese bösartigen kleinen Schlingel (hochreaktive Zwischenprodukte des Stoffwechsels) sind ständig auf der Suche nach einem geeigneten Opfer, um sich an ihm zu bereichern.

Die freien Radikale sind Moleküle mit nur einem Elektron. Das macht sie labil – normalerweise haben Moleküle ein Elektronenpaar, das sie stabil hält. Die freien Radikale, die nur äußerst kurze Zeit leben (ein Sauerstoff-Radikal beispielsweise eine fünf billionstel Sekunde), suchen – und finden sie auch meistens – in ihrer unmittelbaren Umgebung irgendeinen armen kleinen Unglücksraben, sprich ein komplettes Molekül. Und schon kommt das aggressive Potential dieser hochreaktiven Partikel zur Entfaltung. Das freie Radikal klaut dem verdutzten Pechvogel ein Elektron – und da in der Natur Elektronen immer paarweise einem Atomkern zugeordnet sind, hat das zur Folge, dass das beraubte Molekül nun selbst aggressiv wird und sich das fehlende Elektron beim Nachbarn holt. Der ist natürlich seinerseits sauer und reagiert in gleicher Weise. So entsteht eine destruktive Kettenreaktion, in deren Verlauf in sehr kurzer Zeit eine Molekülkolonie in einer Zelle zerstört werden kann.

Um diese Arbeitsweise zu verdeutlichen, müssen wir uns im Herbst nur mal ein halb verwelktes Blatt ansehen. In seinen Zellen und in seinem Gewebe entstehen Milliarden freie Radikale, sie töten die noch gesunden Zellen ab, und schon nach kurzer Zeit ist das Blatt ganz und gar braun.

Man geht heutzutage sogar davon aus, dass diese kleinen Biester beim Ausbruch bestimmter Krankheiten, die noch nicht vollständig erklärbar sind, maßgeblich beteiligt sind. (Dazu gehören u.a. viele Nervenleiden, aber auch die Bechterew-Krankheit.)

Wir sind ihnen jedoch glücklicherweise nicht ganz hilflos ausgeliefert. Es gibt nämlich Schutzstoffe gegen die freien Radikale. Zu ihnen gehören vor allem die Vitamine A, C

und E sowie insbesondere auch das Spurenelement Selen. Gegen diese so genannten Antioxidantien haben die freien Radikale nicht die geringste Chance, denn sie stärken die Abwehrkräfte unserer Zellen und neutralisieren so das Wirken der freien Radikale.
Wenn wir lange jung und gesund bleiben wollen, sollten wir also darauf achten, dass unsere Nahrung reich an Vitaminen, Spurenelementen und Mineralstoffen ist. Denn so schützen wir uns am besten gegen die hinterhältigen Angriffe der freien Radikale. Darüber hinaus ist es aber auch sehr hilfreich, unseren Stoffwechsel anzuregen, denn dadurch wird die Produktion und die Wirkung der Antioxidantien begünstigt.
Rauchen und der Konsum von Alkohol hingegen haben negative Auswirkungen auf die Versorgung mit Antioxidantien. Zu einer besonderen Anhäufung von freien Radikalen kommt es außerdem durch Abgase, UV-Strahlung (zum Beispiel bei Interkontinentalflügen oder Sonnenbädern), erhöhte Ozonwerte, Chemotherapien, Schad- und Giftstoffe wie zum Beispiel Schwermetalle.

Wir können die freien Radikale also durch eine gesunde Ernährung in die Schranken weisen.
Dabei sind besonders wichtig:
- Vitamin C, enthalten vor allem in Zitrusfrüchten und Äpfeln, aber auch in Gemüse wie Kartoffeln, Erbsen, Zwiebeln und Paprika
- Vitamin E, enthalten zum Beispiel in Rind- und Schweinefleisch sowie in Nüssen und in Pflanzenölen wie Weizenkeimöl und in Sonnenblumenkernen, außerdem
- Beta-Karotin, enthalten in grünen und gelben Gemüse-

Freie Radikale sind ganz schön fies,
Ihr Verhalten ist total mies.
Sie sind hinterhältige Gesellen
Und zerstören unsere Zellen.
Sie klauen einfach Elektronen,
Ganz gleich auch in welchen Regionen,
Drum müssen wir sie in ihre Schranken weisen,
Durch naturbelassene, ausgesuchte Speisen.
Damit sie keinen Schabernack treiben
Und wir lange jung und gesund bleiben.

sorten und Früchten wie Spinat, Kohl, Möhren und Pfirsichen, und
– die Spurenelemente Zink, Kupfer und Selen, enthalten in Geflügel- und Muskelfleisch, in Meeresfisch (reich an Selen) sowie u.a. in Getreide, Pilzen und Käse

Freie Radikale können zudem kurioserweise einer der Gründe sein, warum wir dick werden. Diese gefährlichen Biester können nämlich die einfach gebauten Schilddrüsenhormone T_3 und T_4 angreifen und sie zerstören (siehe auch Seite 49). Wenn wir also Gewicht reduzieren wollen, müssen wir dem aggressiven Tun der freien Radikale einen Riegel vorschieben, damit unser Körper ausreichend mit dem die Fettverbrennung auslösenden T_3 versorgt wird. Geschieht das nicht, verlangsamt sich der Stoffwechsel und unser Körper legt Fettreserven an. Also genau das, was wir eigentlich verhindern wollen.

Der Jo-Jo-Effekt

Jeder, der sich schon einmal mit dem Thema Diät auseinandergesetzt hat, ist fast unwillkürlich auf ein schreckliches Phänomen gestoßen, das uns allen den kalten Schweiß auf die Stirn treibt – den berühmt-berüchtigten Jo-Jo-Effekt. Aber was genau ist darunter eigentlich zu verstehen?
Um dieses Problem zu verdeutlichen, versetzen wir uns noch einmal in die Zeit unserer Urahnen. Damals gab es Phasen, in denen die Menschen Nahrung im Überfluss hatten, aber leider hielt dieser beglückende Zustand, der

für uns heutzutage vollkommen normal ist, nicht ewig an. Oft hatten die Menschen kaum etwas zu beißen und mussten mit recht dürftiger Kost vorlieb nehmen. In den seltenen Zeiten des Überflusses, in denen die Menschen nach Herzenslust schlemmen konnten, speicherte der Körper das Zuviel an Fett in Depots. Ebenso wurden Kohlenhydrate, die man nicht gleich benötigte, in Speicherfett umgewandelt und für schlechte Zeiten aufgehoben. Wenn nun diese Fettvorräte langsam aufgebraucht waren, musste der Mensch schnellstens dafür sorgen, dass sie wieder aufgefüllt wurden. In unserem Gehirn gibt es eine Schaltzentrale, die diesen wichtigen Vorgang steuert (der Adipostat). Dieses Kontrollorgan wird von freundlichen Helfern (im Fettgewebe angesiedelten Sensoren, die auf den Insulinspiegel reagieren) unterstützt. Wenn die Fettpolster zur Neige gehen, melden sie es dem Adipostat, der Alarm auslöst: Wir werden von einem grausamen Hungergefühl geplagt. Gleichzeitig schränkt die Schilddrüse ihre Stoffwechselaktivität ein, um in dieser „Krisenzeit" möglichst viel Energie zu sparen. Erst wenn wir wieder genug Fett angefuttert haben, gibt der strenge Aufpasser Ruhe. Da unser Organismus auf Sparhaushalt umgestellt und seinen Energieverbrauch gedrosselt hat, geschieht das Anlegen der Reserven sogar in der halben Zeit. Unser Körper jubiliert und merkt sich das natürlich fürs nächste Mal.
Und schon ist er da, der gefürchtete Jo-Jo-Effekt. Davon kann sicher jede und jeder, der schon einmal in seinem Leben eine herkömmliche Diät gemacht hat, ein Liedchen singen.

Der Jo-Jo-Effekt bereitet mir große Qualen,
Denn nie kann ich lange mit Erfolgen prahlen.
Alle Pfunde, die ich mühsam abgenommen,
Hab' ich ruckzuck auch wieder drauf bekommen.
Ich wurd' sogar noch dicker als vorher,
Das ist mir inzwischen eine heilsame Lehr'.
Drum mach ich jetzt eine Diät mit Verstand –
Damit er sich auch lohnt, der ganze Aufwand.

Die Schilddrüse

Ein wichtiges Organ, das für unseren Stoffwechsel von entscheidender Bedeutung ist – und somit auch für eine erfolgreiche Diät –, werden wir nun einmal etwas genauer unter die Lupe nehmen. Die Rede ist von der fleißigen Schilddrüse. Sie besteht aus zwei nicht gerade vor Schönheit strotzenden, miteinander verbundenen Lappen und liegt vor der Luftröhre im vorderen Halsteil.
Das Großhirn kontrolliert den Stoffwechsel durch Hormone, die von der Schilddrüse erzeugt werden. Es gibt zwei Schilddrüsenhormone, und zwar das

– T_4 (Tetrajodthyronin oder Thyroxin) und das
– T_3 (Trijodthyronin).

Soll überschüssiges Fett verbrannt werden, sendet die Schilddrüse T_4 an die so genannten Rezeptoren in der Haut, der Muskulatur und im Fettgewebe. Nachdem dort das Enzym Dejodase das T_4 in das wesentlich aktivere T_3 umgewandelt hat, wird Fett verbrannt und in Energie verwandelt. Man kann also sagen, dass die Schilddrüsenhormone T_4 und T_3 zu unseren ehrgeizigsten Fettfressern zählen, was uns im Hinblick auf die erfolgreiche Beseitigung unserer Fettpölsterchen froh stimmen sollte.
Unser Organismus erzeugt mehr T_4- als T_3-Hormone – aber nur T_3 verbrennt Fett! Wenn wir an das Kapitel über die Menschheitsgeschichte denken, ist das auch ganz logisch, denn dadurch wird der Stoffwechsel eingeschränkt, ein zu hoher Energieverlust verhindert, und der Körper kann Fett für Zeiten der Nahrungsknappheit spei-

chern. Nur dadurch hat die Spezies Mensch es überhaupt geschafft, die schlimmsten Hungersnöte zu überstehen. Will man abnehmen, so ist es wichtig, dass man die Umwandlung von T_4 in T_3 durch die Aufnahme bestimmter Nahrungsstoffe beeinflussen kann, vor allem durch Jodsalz und Eiweiße. Eiweiße verstärken nämlich die Bildung des wichtigen Enzyms Dijodase, das für die Umwandlung von T_4 in T_3 benötigt wird.

Daraus lässt sich also schließen, dass es uns bei einer gesunden eiweißreichen Ernährung blendend geht, denn unser Körper kann es sich dann erlauben, verstärkt Fettreserven zu verbrennen. Können wir unseren Körper hingegen nur unzureichend mit Eiweiß versorgen, sieht es schon wesentlich schlechter aus. Unser Organismus muss nämlich sparen und fährt den Stoffwechsel herunter. Dies hat zur Folge, dass wir uns schlapp und ausgelaugt fühlen, dass unsere Haut welk und fahl aussieht und dass unsere Haare dünn und brüchig werden.

Eiweiß ist also der wichtigste Baustoff für uns Menschen. Man kann sogar mit Fug und Recht behaupten, dass Eiweiß der Baustoff allen Lebens ist.

So ’ne Schilddrüse hat ganz schön was drauf,
Durch sie kriegt der Stoffwechsel ’n echten Lauf.

Da werden Hormone produziert,
Das macht die Gute ganz routiniert.

Und am Ende wird dann Fett verbrannt,
Das ist für uns besonders interessant.

Denn so verlieren wir unsere Pfunde –
Und nur darum geht’s uns doch im Grunde!

Welche Energiemenge benötigt unser Körper?

Die Energiemenge, die unser Körper pro Tag zur Aufrechterhaltung der lebensnotwendigen Funktionen im Ruhezustand braucht, wird als Grundumsatz bezeichnet.

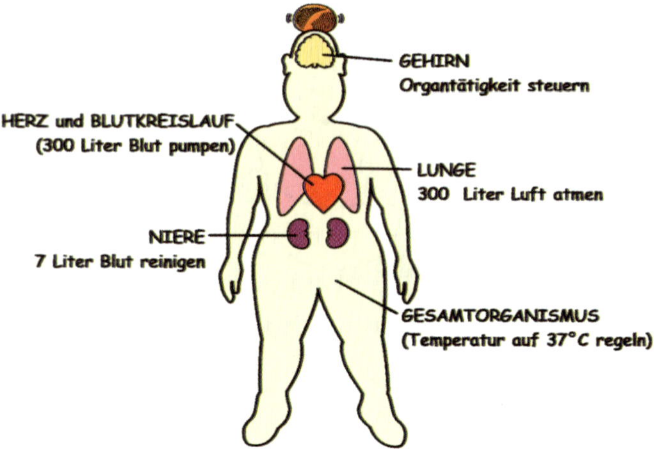

(Arbeit des Organismus im Ruhezustand in 1 Stunde)

Um den Grundumsatz zu gewährleisten, benötigt ein Erwachsener im Durchschnitt für 1 Kilogramm Körpergewicht in einer Stunde 1 Kalorie.
Bei einem Körpergewicht von 75 kg sind das also am Tag (24 Stunden) 1800 Kalorien.
Der Grundumsatz ist aber nicht nur vom Körpergewicht, sondern ganz entscheidend auch von der Körperoberfläche abhängig.
Denn je größer diese im Verhältnis zum Gewicht ist, desto

mehr Wärme wird an die Umgebung abgegeben. Kleine Tiere brauchen deshalb mehr Energie als große, um ihre Körpertemperatur aufrechtzuerhalten. Ein Kolibri, um das mit einem Beispiel zu verdeutlichen, muss täglich das Doppelte seines Eigengewichts fressen, um seine Temperatur konstant zu halten – ein Blauwal nicht. Des weiteren wird unser Energieverbrauch vor allem von der Schilddrüse bestimmt.

Sowohl das Alter als auch das Geschlecht haben ebenso Auswirkungen auf unseren Grundumsatz: Er sinkt bei steigendem Alter, bei Frauen liegt er 10 % unter dem der Männer.

Erhöht wird unser Grundumsatz vor allem durch jede Art von Bewegung, also wenn wir zum Beispiel bügeln, Fenster putzen oder auch zum Zeitungsladen gehen, im wesentlich geringeren Maße aber auch durch das, was wir essen.

Um den Stoffwechsel anzuregen und somit den Grundumsatz zu steigern, ist Eiweiß ideal. Das bedeutet also, dass eine Diät Erfolg verspricht, bei der wir unserem Körper hochwertige essenzielle Aminosäuren (die Bausteine der Eiweiße) zuführen.

In der Natur gibt es Aminosäuren in Hülle und Fülle. Jedes Tier und alle Pflanzen dürfen sich an diesem reich gedeckten Tisch nach Herzenslust bedienen. Nur der Mensch hat es erstaunlicherweise fertig gebracht, Nahrungsmittel herzustellen, die überhaupt oder fast keine Aminosäuren mehr enthalten, wie zum Beispiel Pommes Frites oder Sahnecreme-Torten.

„So ’n Stück Sahnetorte muss aber trotzdem
ab und zu mal sein, oder?“

Cellulite

Ein Problem, das allerdings fast nur die Damenwelt plagt, können Sie ebenfalls mit einer Eiweiß-Diät in den Griff bekommen, die Cellulite (auch unter dem Begriff „Orangenhaut" bekannt). Ca. 90 % aller Frauen über 16 Jahren leiden heutzutage mehr oder weniger an dieser unschönen Hautveränderung.
Die Cellulite macht sich vorwiegend im Bereich der Oberschenkel und des Gesäßes bemerkbar.
Männer haben das große Glück, sich nur selten oder gar nicht mit diesem Problem auseinandersetzen zu müssen, da sie andere Hormone, als Frauen produzieren. Denn Hormone steuern nicht nur das Sexualleben, den Körperbau u.s.w., sondern auch den Aufbau der Haut.
In der Grenzschicht zwischen der Oberhaut (Cutis) und der Unterhaut (Subcutis), die normalerweise nur millimeterdünn ist, verlaufen elastische Bindegewebsfäden, die das Gewebe straffen. Diese Bindegewebsfasern sind bei vielen Frauen – immerhin sind sie es, die die Kinder kriegen – viel dehnbarer und liegen weiter auseinander als bei Männern, sie sind auch häufig nur nach oben, nicht aber netzförmig verflochten. Deshalb kommt es zu einem „Aufblähen" der eingelagerten Fettzellen, was letztendlich zu einem besonders hohen Fettspeicheranteil im Unterhautfettgewebe führt.
Im menschlichen Körper gibt es zwei verschiedene Formen von Fettspeichern:
1. die Direktspeicher, die uns direkt und schnell Energie zur Verfügung stellen, und
2. die Langzeitspeicher, die für Notzeiten angelegt werden.

Bei der Eiweiß-Honig-Turbo-Diät, um die es im zweiten Teil gehen soll, wird vor allem in den Direktspeichern Fett verbrannt, wenn der Körper Energie braucht. Die Direktspeicher besorgen sich daraufhin neues Fett aus den Langzeitspeichern, die dadurch abgebaut werden.
Mit dem Ergebnis, dass die Cellulite bald praktisch ganz verschwunden ist.

Auch die Cellulite hat nichts mehr zu lachen,
Wenn wir diese Diät machen.
In den Zellen wird der Druck gesenkt
Und uns eine schönere Haut geschenkt.
Ob am Po oder auch am Schenkel,
Das erkennt schon unser Enkel:
Alles ist wieder glatt und straff
Und hängt jetzt nicht mehr matt und schlaff.
Drum ran ans Werk, zieht keine Schnute,
Es kommt der Haut und auch der Liebe zugute.

So funktionieren herkömmliche Diäten

Unser Körper hat ein System entwickelt, um die schweren Zeiten, in denen es wenig zu essen gibt, gut zu überstehen. Nur in wirklichen Notfällen greift er seine wohlgehüteten Fettpölsterchen an. Wenn wir einfach nur die Kalorienzahl verringern, macht er sich bei einer Diät nicht über die Fettreserven her. Ganz im Gegenteil, unser Körper fühlt sich dann vernachlässigt und meldet das dem Großhirn. Das Großhirn sendet auf allen Wellen, dass wir unbedingt etwas zu Essen brauchen, sonst drohe Lebensgefahr.
Unser Körper befindet sich in einer echten Krise und erzeugt aus lauter Verzweiflung Unmengen von Stresshormonen, darunter das Nebennieren-Hormon Cortisol. Das Cortisol wirkt auf den Kohlenhydrat-, Eiweiß- und – wenngleich nicht so stark – auch auf den Fettstoffwechsel ein.
Zum Beispiel klaut Cortisol nicht nur Glucose aus den Depots, um sie dort einzusetzen, wo sie gebraucht wird, sondern auch Eiweiß von den Muskeln.. Durch den Abbau der Muskelmasse können wir uns nicht mehr so schnell bewegen, unser Körper spart auf diese Weise Energie. Der Alarmruf setzt auch ein paar freie Fettsäuren frei, die dann im Blut kreisen und sich nach Beendigung der Diät – oft an einer ganz anderen Stelle als an der, an der sie entnommen wurden – wieder anlagern. So haben wir am Ende einer konventionellen Diät zwar Muskulatur verloren, sind aber oft schlapp und ausgelaugt, und unsere Fettpölsterchen sind nicht verschwunden.

Wenn wir einfach nur weniger Kalorien zu uns nehmen,
Bleiben wir auf keinen Fall verschont von Problemen.
Unser Körper dreht durch und schlägt Alarm,
Aus Angst und Verzweiflung wird uns ganz warm.
Da werden Hormone ausgeschüttet,
So manche Freundschaft ward dadurch zerrüttet,
Denn der Stress ist phänomenal.
So 'ne Diät ist eine echte Qual.
Und am Ende haben wir noch nicht mal was Positives
geschafft –
Wir sind immer noch zu dick, wie schauderhaft!

Und nicht nur das, es kommt sogar noch viel schlimmer. Die Glucose, die aus den Muskeln entnommen wurde, führt dazu, dass sich der Insulinspiegel erhöht. Ein hoher Insulinspiegel aber erzeugt furchtbare Hungerattacken.
Unser Stress wird also immer größer und der Hunger quält uns fast ununterbrochen.
Weil das Cortisol dazu auch noch unsere Eiweißdepots plündert, gerät unser Eiweißhaushalt durcheinander, das

können wir schon bald negativ an unseren Knochen, unserer Haut und unserer Muskulatur feststellen.
Darüber hinaus erhöht sich, wie viele vielleicht schon einmal leidvoll bei einer herkömmlichen Diät erfahren mussten, unsere Infektionsanfälligkeit.
Das Schicksal nimmt seinen verheerenden Lauf. Nicht nur, dass wir ständig ans Essen denken müssen, die gute Schilddrüse erhält ja gleichzeitig noch die Anweisung, zu sparen, also fährt sie den Stoffwechsel herunter. Bei einer konventionellen Diät signalisiert also schließlich der ganze Körper, dass er Hunger leidet, und die Chance auf einen Erfolg wird immer aussichtsloser.
Wenn wir diese Diät beenden und wieder normal essen, dann kriegen wir noch einmal eine traurige Rechnung präsentiert: Denn dadurch, dass unser Stoffwechsel auf halbe Kraft heruntergefahren ist, setzen wir jetzt doppelt so viel Fett an. Ein erschütterndes Resultat nach einer derartigen Tortur. Die meisten können sich mit diesem niederschmetternden Ergebnis natürlich nicht abfinden und starten schon nach kürzester Zeit einen neuen Versuch. Aber auch der ist bei einer derart falschen Herangehensweise unwillkürlich zum Scheitern verurteilt.
Und wieder stehen diese Menschen einem grausamen Monstrum gegenüber, dem „Jo-Jo-Effekt“.
Bei der Eiweiß-Honig-Diät, die ich Ihnen nun vorstellen werde, gehen wir diesem Problem auf galante Weise aus dem Weg, indem wir dem Körper genau das zur Verfügung stellen, was den Hungeralarm unterbindet. Denn wenn der Körper über ausreichend Eiweiß verfügt, kann unser Stoffwechsel seinen üblichen Gang gehen. Wir nehmen auf raffinierte Weise ab, lassen dem Jo-Jo-Effekt keine Chance

und können endlich wieder stolz und erhobenen Hauptes an den Stränden dieser Welt entlang wandeln.

Bei einer Diät sind die freien Radikale zu bedenken,
Man muss sie mit Antioxidantien in die richtigen Bahnen lenken.
Die Schilddrüse sollte dabei zur Höchstform auflaufen
(Schluss ist währenddessen natürlich mit dem Saufen),
Und das wichtigste, was unser Körper braucht,
Da sonst jegliche Liebesmüh' sinnlos verraucht,
Sind wertvolle Eiweiße, die uns erquicken,
Ohne sie macht unserer Körper nämlich nur Zicken.

Neu entdeckt und gleich genutzt: Leptin

Vor Mäusen hat Alma nicht unbedingt Angst, jetzt verdankt sie den possierlichen Nagern sogar ihr Wunschgewicht. Und das kommt so: Anfang der 1990er Jahre entdeckte der Forscher Jeffrey Friedmann von der Rockefeller Universität in New York bei Versuchen mit Mäusen den Botenstoff Leptin. Dieses so genannte Fetthormon Leptin steuert unser Sättigungsgefühl.

Ursprünglich – lange bevor der Mensch entstanden war – diente der Leptinspiegel im Körper von Säugetieren dazu, einen Speckgürtel anzulegen, von dem dann während der langen Wintermonate gezehrt werden konnte. Im Winter hungern die Menschen schon längst nicht mehr, auch sonstige Hungerkatastrophen sind in unsere Regionen unbekannt. Doch das Leptin ändert sein Verhalten nicht und meldet unserem Gehirn, dass es sich Fettreserven anlegen soll. Zu viel Leptin im Blut verhindert, dass das Hirn feststellen kann, dass genug Speck auf den Rippen ist – das „Stopp-Signal“ zur Anlage von Körperfett wird nicht mehr erteilt. Neuste Erkenntnisse amerikanischer Forscher – im April 2004 im renommierten Wissenschaftsmagazin „Science“ veröffentlicht – deuten sogar darauf hin, dass das Leptin bereits im Mutterleib das Essverhalten von Babys steuert. Diese schon sehr früh gespeicherten Informationen „verkabeln“ dann sozusagen im Nucleus arcuatus, einer Region unseres Stammhirns Hypothalamus, das Essverhalten unseres ganzen späteren Lebens. Wenn Leptin uns nun wie einen Sklaven in seiner Macht hat, stimmt dann nicht die alte Ausrede, wir seien nur zu dick, „weil wir es an den Drüsen oder in den Genen“ haben? Eben

nicht, diese bequeme Ausrede gilt trotz Leptin nicht mehr. Wir können das Leptin überlisten: Denn wissenschaftliche Versuche durch Prof. Dr. Aloys Bergs vom Uniklinikum Freiburg haben in der letzten Zeit recht deutlich gezeigt, dass beim Abnehmen mit Einsatz einer speziellen Soja-Eiweiß-Honig-Kombination – die ja auch Grundlage der Turbo-Diät ist – der Leptinspiegel des Blutes nachweislich verringert wird. Interessant ist nämlich, dass man als Übergewichtiger nicht zu wenig, sondern zu viel im Blut hat. Diese Leptinschwemme sorgt dafür, dass das Sättigungssignal im Gehirn nicht mehr verstanden wird. „Während der Intervention“, schreibt Prof. Dr. Berg, „und der damit verbundenen Gewichtsreduktion sinkt der Leptinspiegel im Blut der Teilnehmer deutlich ab. Dabei wird unter der Reduktionsdiät der Leptinspiegel stärker gesenkt als unter der herkömmlich erzielten Gewichtsabnahme.“
Mit anderen Worten: Weil die Turbo-Diät den zu hohen Leptinanteil im Blut senkt, erhält das Gehirn die Rückmeldung: Ich bin satt! – auch während unserer „Fastenzeit“! So verhindert die Turbo-Diät „Fressattacken“, indem sie das Hungergefühl unterdrückt. In Abwandlung einer beliebten Werbung: Klappt es mit dem Leptin, klappt es auch mit dem Abnehmen.

II. Die Turbo-Diät

Ich möchte Ihnen nun mit einer speziellen Eiweiß-Honig-Diät einen Weg aufzeigen, wie es jeder schaffen kann, sein Gewicht zu reduzieren, um sich in seinem Körper endlich wieder wohl zu fühlen.
Da ich selber vor einiger Zeit, nach dem weisen Entschluss, keine Glimmstängel mehr anzurühren, und leider auch ein wenig altersbedingt, Probleme mit meinem Gewicht hatte, habe ich diese Diät persönlich durchgeführt. Der Erfolg war phänomenal. Und so will ich mit diesem Buch meinen „Leidensgenossinnen“ und „Leidensgenossen“ zeigen, wie man sinnvoll und erfolgreich abnehmen kann. Außerdem ist es mir wichtig, dies in einer Form zu vermitteln, die für jede und jeden verständlich ist. Nur wer am eigenen Leib erfahren hat, welchen Kummer Fettpölsterchen bereiten, kann verstehen, welche Qualen man durchmacht, und vielleicht ein wenig helfen, damit auch andere ihrem großen Ziel ein wenig näher kommen.
Die Turbo-Diät, die mir so geholfen hat und die auch von vielen Ärzten und Wissenschaftlern empfohlen wird, ist eine Saft- und Flüssigkeitsfastenkur. Die große Begeisterung vieler Fachleute für diese Diät ist nicht verwunderlich, denn das Flüssigkeitsfasten gehört schon seit Jahrhunderten zum kulturellen Leben vieler Völker, die auf diese Weise ihren Körper stärken, um den Anforderungen des Alltags besser gewachsen zu sein. Die Turbo-Diät ist mittlerweile sogar fester Bestandteil einer Langzeit-Studie zum Gewichtsmanagement und des Wellness-Programms des Instituts für Prävention und Sportmedizin der Universitätsklinik Freiburg.
Man kann sie ohne großen Aufwand alleine und daheim durchführen, höchstens für die unspektakulären kleinen

sportlichen Übungen empfiehlt es sich unter Umständen, die freie Natur aufzusuchen.
Feste Nahrung sollten wir während dieser Diät nicht zu uns nehmen. Eine gute Diät funktioniert nur dann, wenn man sich genau an die Anweisungen hält.
Damit Sie während dieser Zeit keine Mangelerscheinungen haben und Ihre Diät erfolgreich verläuft, müssen Sie Ihrem Körper natürlich alle lebensnotwendigen Nährstoffe, besonders aber hochwertiges und leicht verstoffwechselbares Eiweiß zur Verfügung stellen. Dazu benötigen Sie

Dann ist, wie bereits gesagt,
der richtige Eiweiß-Honig-Trunk gefragt.

ein Präparat, das eine hochwertige Kombination aus enzymreichem Honig, Milch- und Sojaeiweiß enthält. Ein Produkt mit dieser Kombination, mit dem ich persönlich sehr gute Erfahrungen gemacht habe, ist Almased®-Vitalkost, das in jeder Apotheke erhältlich ist. Ohne hochwertiges Eiweiß, das vom Körper schnell aufgenommen und verwertet wird, macht unser Körper schlapp. Sojaeiweiß ist das wertvollste pflanzliche Eiweiß überhaupt, Milch ergänzt das Sojaeiweiss in idealer Weise und der enzymreiche Rohhonig, der sich während eines speziellen Herstellungsprozesses mit Soja und Milch verbindet, macht dieses Naturprodukt so einzigartig wirkungsvoll und bekömmlich. Und um die freien Radikale im Zaum zu halten, sollten Sie zudem ab und an eine Tasse Gemüsebrühe und vormittags und nachmittags je den Saft einer halben Zitrone trinken.

Eine solche einzigartige Kombination aus enzymreichem Honig und Eiweißen, so Prof. Dr. Dr. Kurt S. Zänker von der Universität Witten, ist schon auf Grund der hohen Konzentration an verzweigtkettigen Aminosäuren ideal für eine Diät. Achten Sie darauf, dass Sie nur ein wissenschaftlich geprüftes Produkt nehmen. Es gibt immer wieder Trittbrettfahrer, die minderwertige Produkte auf den Markt bringen, die z.B. Aromastoffe, Zucker, Füllstoffe und wirkungsloses Honigpulver statt des teuren, naturbelassenen, enzymreichen Rohhonig oder minderwertiges Eiweiss verwenden. Mit solchen Produkten wird mit Sicherheit kein Stoffwechsel aktiviert, im Gegenteil.

Während einer Diät ist es besonders wichtig, unserem Körper die essenziellen Aminosäuren, also jene, die wir nicht selber herstellen können, zu liefern. Sonst beschwören wir gesundheitliche Schäden herauf. Bitte lassen Sie sich von Ihrem Arzt oder Apotheker beraten.

Zusätzlich zu dem Eiweiß-Honig-Trunk dürfen wir auch schmackhafte Gemüsebrühe trinken. Sie versorgt den Körper mit den wichtigen Antioxidantien, die die freien Radikale attackieren und unschädlich machen.

Beides zusammen, der Diät-Trunk und die Gemüsebrühe, bringen unseren Körper dazu, die lästigen Fettpölsterchen

abzubauen. So verlieren wir schnell und anhaltend an Gewicht.
Und vor allem schließen wir mit diesem einzigartigen Flüssigkeitsfasten den unangenehmen Jo-Jo-Effekt aus. Denn durch die Zufuhr von hochkonzentriertem Soja-Milch-Eiweiß schlägt unser Körper nicht plötzlich aus Verzweiflung Alarm, dass wir zu verhungern drohen. Vielmehr nimmt er für die Energiegewinnung die Fettdepots aufs Korn und verbrennt sie, während die Eiweißreserven, die bei herkömmlichen Diäten herhalten müssen, in Ruhe gelassen werden.
So, jetzt sind wir, wie ich finde, ausreichend auf eine Diät vorbereitet. Wir sollten nun gut gelaunt und optimistisch die Sache in Angriff nehmen, damit wir endlich unsere Pfunde verlieren und der Blick auf die Waage zum Vergnügen wird.

Der erste Fastentag

Wie so oft im Leben liegt vor dem Erreichen der Glückseligkeit eine kleine Hürde. In diesem Fall heißt sie „Darmentleerung“.
Sie haben sich aus der Apotheke eine oder zwei Dosen eines hochwertigen Honig-Milch-Sojaeiweißpräparats besorgt, jetzt bereiten Sie sich noch eine Gemüsebrühe aus verschiedenen Gemüsen oder, wenn Ihnen der Aufwand zu hoch ist, besorgen Sie sich aus dem Supermarkt Gemüsebrühe von Maggi oder Knorr – je nach Geschmack. Daraus können Sie auch eine leckere, vitaminreiche Brühe herstellen.

Wenn möglich, sollten Sie die Diät an einem arbeitsfreien Tag beginnen. Sorgen Sie für Ruhe. Ich kann Ihnen das aus eigener Erfahrung nur wärmstens empfehlen. Und eins dürfen Sie auf gar keinen Fall vergessen: Eine Toilette muss immer erreichbar sein.
Wenn Sie alle Vorbereitungen getroffen haben, kann es losgehen.

Lösen Sie 1–2 Esslöffel Bittersalz (das reguliert auch Ihren Magnesiumhaushalt und wirkt Muskelkrämpfen entgegen) in 1/4 Liter Wasser auf und nehmen Sie diesen Trunk zu sich. Nach etwa zwei Stunden verlangt dann der Darm nach Entleerung, was sich, abhängig davon, wie viel Sie vorher gegessen haben, bis zu fünfmal wiederholen kann.
Nun wird auch klar, weshalb unbedingt eine Toilette in der Nähe sein sollte.
Sicher werden Sie am ersten Fastentag nicht gerade einen Höhenflug der Gefühle erleben und eventuell auch ein leichtes Unbehagen in der Magengegend spüren, aber denken Sie an Ihr großes Ziel!
Auch jedes zarte Pflänzchen muss sich erst einmal aus dem harten Samenkorn herausquälen.
Nachdem der Darm aufgeräumt und entleert worden ist, mischen wir uns einen Eiweiß-Honig-Trunk. **Wer diese Darmentleerung nicht durchführen möchte, dem empfehlen wir zumindest ein bis zwei „Brühetage“ vor dem Einstieg. An diesen zwei Tagen trinken Sie ausschließlich Gemüsebrühe und nehmen zusätzlich so viel wie möglich Flüssigkeit zu sich.**
Besonders empfehle ich Ihnen Mineralwasser oder durchblutungsfördernde Tees. Die Dosierung des Honig-Milch-

Man wird schon mal gepeinigt,
Wenn man sich von innen reinigt.
Es ist jedoch von Nöten,
Auch wenn wir dabei erröten.
Als Vorbereitung auf unsere Fastenkur.
Brauchen wir diese Prozedur.
Unser Körper wird es uns später danken,
Dann gehören wir nämlich bald zu den Schlanken
Und können lässig auf die Waage steigen,
Um anderen unseren Erfolg zu zeigen.
Wir sollten also unsere Bedenken verjagen
Und es einfach mal wagen.
Die Wirkung ist nämlich kolossal:
Man fühlt sich danach fit und vital!

Sojaeiweißpräparats wird nach der folgenden simplen Methode errechnet: Wir gehen davon aus, dass unser Körper am Tag pro Kilo Normalgewicht (also nicht unser derzeitiges Gewicht ansetzen) ein Gramm Eiweiß benötigt. Unser Normalgewicht ermitteln wir über die Broca-Methode, das heißt: Körpergröße minus 100.
Bei einem halben Gramm Eiweiß in einem Gramm Pulver rechnet man bei einem Normalgewicht von 75 kg dementsprechend: 75 x 2 = 150. Die Menge Pulver, die man für eine Person von 75 kg Normalgewicht benötigt, ist also 150 g.

Jetzt wissen Sie genau, wie viel Eiweißpulver Sie persönlich benötigen. Teilen Sie die Menge durch drei und nehmen Sie morgens, mittags und abends je eine Portion ein. Im genannten Beispiel sind dies bei jeder Portion 150 Gramm : 3 = 50 Gramm. 1 gehäufter Esslöffel entspricht etwa 13 Gramm. Für eine Portion braucht man also 50 : 13 = 3,9 Esslöffel. In der Praxis nimmt man natürlich 4 Esslöffel. Übrigens, man darf auf keinen Fall zu wenig Pulver nehmen, da der Körper sonst beginnt seine Muskulatur und wichtige Enzyme abzubauen und, was mindestens genauso schlimm ist, der Stoffwechsel wird auf Sparflamme heruntergeregelt!
Zum Anrühren des Trunks können Sie entweder Wasser oder aber auch Tee, Kaffee oder (Mager-) Milch verwenden. **Den besten Effekt erzielen Sie, wenn Sie das Pulver in Wasser anrühren.** Zu beachten ist dabei nur, dass die Flüssigkeit kalt oder lauwarm sein sollte, aber niemals heiß. Außerdem verlangsamt natürlich jede zusätzlich aufgenommene Kalorie das Abnehmen, was doch sehr betrüblich wäre.

Zusätzlich können Sie während der Diät Gemüsebrühen trinken. Die sogenannten sekundären Pflanzenstoffe in den Gemüsen schützen unsere Zellen – auch vor den gefährlichen freien Radikalen.
Oder nehmen Sie zur Abwechslung doch statt der Brühe am Vormittag und am Nachmittag eine halbe Zitrone – auch das hat sich bewährt. Sie werden sich wundern, wie erfrischend und intensiv das schmeckt. Überhaupt: Wenn Sie die ersten drei Tage, die durchaus anstrengend sein können, erst einmal überstanden haben, werden Sie merken, wie gut Ihnen diese einzigartige Fastenkur bekommt.

Sie dürfen während der Kur keine feste Nahrung zu sich nehmen. Denn die aktiviert das Insulin, ein in der Bauchspeicheldrüse gebildetes Speicherhormon. Insulin senkt den Blutzuckergehalt drastisch und steigert den Kohlenhydratabbau. Gleichzeitig kurbelt es im Leber- und Fettgewebe die Fettsynthese an und sorgt so dafür, dass dort und in den Muskeln Fettdepots angelegt werden.

Nach der Darmentleerung nehmen Sie morgens, mittags und abends den speziellen Eiweiß-Honig-Trunk zu sich und gönnen sich hin und wieder ein Tässchen Gemüsebrühe. Wenn Sie noch mehr Gutes für sich tun möchten, trinken Sie Grüntee, nehmen ein gutes Vitamin-Mineralstoffpräparat (am besten in der Apotheke beraten lassen) und vor allem: Beobachten Sie Ihren Säure-Basenhaushalt.

Schnelles Abnehmen – Der Säure-Basenhaushalt

Durch den verstärkten Fettabbau entstehen mehr saure Stoffe, die der Körper so schnell wie möglich loswerden

will. Alles das verstärkt den Abnehmerfolg. Um den Säure-Basenhaushalt zu kontrollieren, geht man am besten so vor:
Man besorgt sich aus der Apotheke ein Basensalz, z.B. MAKI®-Salz (PZN: 2946359), das eine hohe Dosierung an Kalium und Magnesium enthält (da Magnesiummangel in der Bevölkerung weit verbreitet ist und da Kalium besonders gut gegen die Übersäuerung in den Zellen arbeitet, schlägt man so mehrere Fliegen mit einer Klappe), und nimmt jeden Abend einen gehäuften Teelöffel in Wasser gelöst zu sich. Am nächsten Morgen kontrolliert man mit pH-Papier seinen Urin. PH-Papier ist ein Papier, mit dem man prüfen kann, wie sauer der Urin ist. Wird der Streifen blau, man nennt das auch basisch, ist alles in Ordnung, reagiert der Streifen gelb, ist der Urin sauer. In diesem Fall sollte man am nächsten Abend etwas mehr Salz nehmen. Die Teststreifen bekommt man in jeder Apotheke. Wenn man noch mehr für seinen Säure-Basenhaushalt tun möchte, misst man während des Tages noch einmal. Reagiert der Urin sauer, nimmt man noch einmal einen Teelöffel des speziellen Basensalzes. Um nicht auszutrocknen, müssen Sie Ihrem Körper am Tag mindestens 2-3 Liter Flüssigkeit zuführen. Sie sollten daher zusätzlich Kräutertees (bitte ohne Zucker oder Süßstoff) oder Wasser trinken.
Sie müssen zwar nicht unbedingt auf Ihren geliebten Kaffee oder Ihren schwarzen Tee verzichten, aber sie eignen sich nicht zur Deckung Ihres Flüssigkeitsbedarfs.
Alkoholische Getränke sind während dieser Diät gänzlich tabu – Sie wissen schon, wegen der vielen Kalorien und dem negativen Einfluss auf den Stoffwechsel.

Bindegewebe – Knochen und Gelenke

Ungesunde Ernährung führt nicht nur zu Übergewicht, sondern zu einer ganzen Reihe körperlicher Beschwerden: Das Krankheitsrisiko steigt, die Leistungsfähigkeit des Bindegewebes läßt deutlich nach. Letzteres ist – leider – nicht nur ein kosmetisches Problem. Denn unsere Bindegewebe sind wichtig, wenn unser Körper richtig funktionieren soll – nicht nur das feste Bindegewebe (also Knorpel und Knochen), sondern auch das lockere Bindegewebe, das sich z. B. zwischen den Zellen oder an der Innenseite der Blutgefäße befindet.

Ein ganz entscheidender Baustein für den Bindegewebeaufbau sind die so genannten Glukosaminoglykane – ein Wortungetüm, das zu GAG abgekürzt wird. Das spricht sich leichter. Diese GAG bilden die Grund- und Stützsubstanz von Knorpel, Knochen, Muskeln, Augenlinse, Hirnhaut, Lymphe und von fast allen Organen. Sie sorgen dafür, dass die Gelenkflüssigkeit schmierfähig ist und wie ein Puffer zwischen den Knochen wirken kann. Auch die Ver- und Entsorgungsstrecke zwischen Blutgefäßen und Zellen wird wesentlich durch GAG aufgebaut. Für einen reibungslosen Nährstofftransport sind sie also unbedingt notwendig.

GAG sind hoch molekulare Stoffe, die maßgeblich dafür verantwortlich sind, dass unsere Körperflüssigkeiten (Blut, Lymphe, rotes Knochenmark, Gehirnwasser, Augenwasser, Samen- und Gelenkflüssigkeit) fließfähig sind. Je fließfähiger, desto besser, denn nur so werden feinste Kapillare erreicht, durchflutet, ver- und entsorgt. Das ist wichtig, denn nur durch die richtige Fließfähigkeit aller Körperflüssigkeiten kann eine angemessene Entsorgung der Stoffwechselschlacken (Harnsäure, abgenützte Knorpelfasern usw.) und der Nährstoffversorgung über die Gefäßsysteme erfolgen.

Bei der Geburt besitzt unser Körper den höchsten GAG-Gehalt, mit zunehmendem Alter, bei unausgewogener

Ernährung, bei Stress und körperlicher Belastung nimmt er an Menge und Qualität ab. Die Stoffwechselvorgänge, Nahrungsverwertung und Zellversorgung, erlahmen. Das Bindegewebe wird weniger fest, der natürliche Wassergehalt nimmt ab. Die Folgen: Knorpelverschleiß, welke Haut, dünnere Haare, brüchige Fingernägel, flache Muskeln und vieles mehr.
Zusätzlich zu dem Honig-Milch-Sojaeiweiß-Drink können Sie daher während der Fastenkur das Extrakt der neuseeländischen Grünlippmuschel zu sich nehmen, denn die Grünlippmuschel enthält besonders viele GAG, die zur Versorgung des Körpers notwendig sind.
Es gibt eine ganze Reihe von Grünlippmuschelpräparaten auf dem Markt. UK Muschel Kps (PZN: 0166574) z.B. ist besonders hoch konzentriert. Zusätzlich enthält es noch die Aminosäuren Methionin und Cystein, sowei Zink, Kupfer, natürliches Vitamin E und Vitamin C- ein wahres Kraftwerk für Haut, Haare und Gelenke. Meine Empfehlung: Machen Sie eine Dreimonatskur mit täglich drei gehäuften Esslöffeln des Vitalpulvers und morgens und abends jeweils 2 Kapseln der besonderen Muschelextrakt-Kombination. Sie werden Ihre Haut nicht wiedererkennen und über Ihre Beweglichkeit staunen. Bereits nach kurzer Zeit (in der Regel ein bis zwei Wochen) bemerken Sie eine positive Veränderung.

Jetzt wird endlich 'ne Diät gemacht,
Das war schon längst mal angebracht.
Den lästigen Pfunden geht's an den Kragen!
Bei meiner Figur liegt nämlich einiges im Argen.
Den Alkohol soll ich dabei dringend meiden,
Und mich stattdessen für Kräutertee entscheiden.
Hab' ich jedoch erstmal richtig abgespeckt,
Gibt's zur Belohnung 'n schönes Gläschen Sekt.

Und jetzt ganz ungezwungen noch ein paar Leibesübungen

Wie sich inzwischen allgemein herumgesprochen hat, sind sportliche Aktivitäten, mal abgesehen von gefährlichen Extremsportarten, sehr gesund.
Auch und vor allem während unserer Eiweiß-Diät sollten wir unseren Körper in Schwung halten, um so unseren Stoffwechsel zusätzlich noch ein wenig anzukurbeln.
Auch wenn es Ihnen schwer fällt, sich aufzuraffen, sollten Sie bedenken, dass Bewegung für uns moderne Menschen sehr wichtig ist, schließlich sitzen wir im Beruf oft stundenlang. Wie sehr sich dieser erzwungene Bewegungsmangel auswirkt, zeigt in erschreckender Weise die Sta-

tistik: In Deutschland stehen Herz-Kreislauferkrankungen mit 48,2 % an der Spitze aller Todesursachen.
Also täuschen Sie keine Müdigkeit vor und stürzen Sie sich mit einem Lächeln auf den Lippen ins Vergnügen. Ihr Körper wird es Ihnen danken, und Sie werden schon bald leichter und beschwingter durchs Leben gehen.

Sie sollten auf jeden Fall immer mit einfachen Übungen beginnen, die Ihren Kreislauf anregen und die entsprechenden Muskelbereiche in Schwung bringen.

Behutsames Aufwärmen

- Gehen Sie ein paarmal auf der Stelle, und zwar so, als würden Sie eine Treppe hochsteigen.
- Danach schwingen Sie bei leicht gebeugten Knien mit den Armen vor und zurück.

Achten Sie bitte darauf, dass Sie dabei immer schön tief durchatmen.

- Dann schwingen Sie locker mit dem Oberkörper und den Knien, etwa so, als würden Sie auf Skiern eine Piste heruntersausen.
- Zum Schluss laufen Sie dann noch einige Male auf der Stelle und ziehen dabei abwechselnd das linke und das rechte Knie hoch.

Nach dem Aufwärmen (das 5-10 Minuten dauern sollte) machen Sie mit einfachen gymnastischen Übungen weiter, die sowohl Ihre Bauch- und Rückenmuskulatur als auch Ihre Arm- und Beinmuskulatur ein wenig auf Vordermann bringen.

Übungen für die Bauchmuskulatur

Stützen Sie sich in Rückenlage mit leicht aufgerichtetem Oberkörper auf beiden Unterarmen ab. Danach heben Sie die gestreckten Beine ca. 30 cm vom Boden hoch. Achten Sie unbedingt darauf, dass die Lendenwirbelsäule dabei stets nach unten durchgedrückt ist.

Davon machen Sie bitte 3–5 Durchgänge mit je 8–10 Wiederholungen und jeweils 1–2 Minuten Pause dazwischen. Und achten Sie darauf, dass Sie bei allen Übungen niemals die Luft anhalten, sondern gleichmäßig und ruhig weiteratmen.

Für die folgende Übung für die Bauchmuskulatur benötigen Sie ein Physio-Band, das in jedem Sportgeschäft erhältlich ist.

Legen Sie sich auf den Rücken und heben Sie die Beine in einem 90°-Winkel hoch. Die Enden des Physio-Bandes halten Sie dabei mit beiden Händen fest.

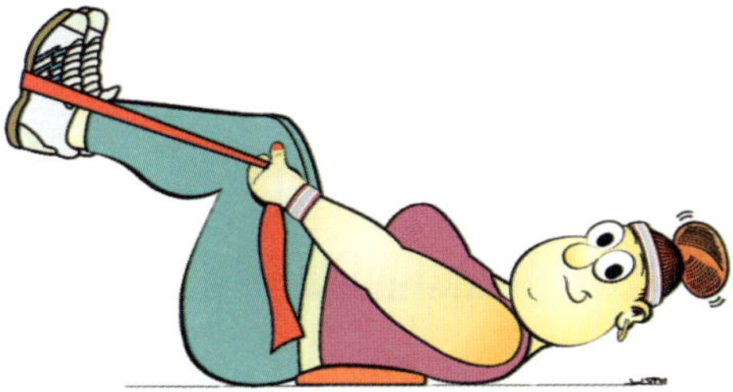

Und nun ziehen Sie bei durchgestreckten Armen den Oberkörper so weit hoch, bis die Schulterblätter zum Boden keinen Kontakt mehr haben.

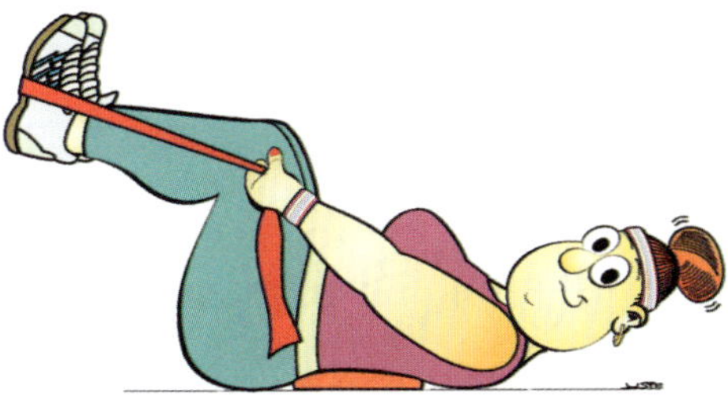

Davon machen Sie bitte 3–5 Durchgänge mit jeweils 8–15 Wiederholungen und 1–2 Minuten Pause dazwischen.

Übung für die Beinmuskulatur (Oberschenkel)

Legen Sie sich bitte auf den Rücken und winkeln Sie ein Bein an.
Nehmen Sie die Enden des Physio-Bandes in beide Hände und streifen Sie es über den Fußballen des freien Beines.

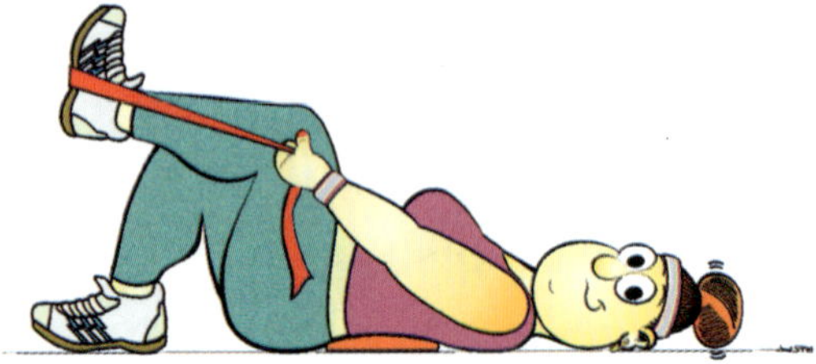

Nun strecken Sie das Bein nach vorne aus.
Achten Sie bitte – wie bei allen Übungen – darauf, dass Ihre Lendenwirbelsäule stets den Boden berührt. Sie können Ihre Lendenwirbelsäule auch mit einem kleinen festen Kissen abstützen.

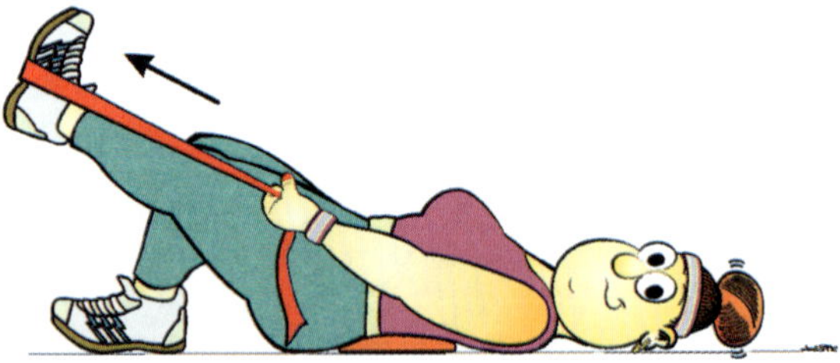

Davon machen Sie bitte 3–5 Durchgänge mit jeweils 15–30 Wiederholungen und 20–30 Sekunden Pause dazwischen.

Übung für die Rückenmuskulatur

Nehmen Sie bitte auf einem Stuhl Platz, setzen Sie sich dabei auf die Enden des Physio-Bandes und spannen Sie es über Ihre Ellenbogen (wählen Sie dabei die ideale Bandlänge individuell für sich aus).
Ihre Hände legen Sie in den Nacken, dabei ist der Kopf leicht gebeugt.

Nun heben und senken Sie den Oberkörper gegen den Widerstand des Physio-Bandes.
Die Ellenbogen werden dabei nach vorne und gleichzeitig nach oben geführt. Achten Sie darauf, dass die Lendenwirbelsäule möglichst nicht bewegt wird.

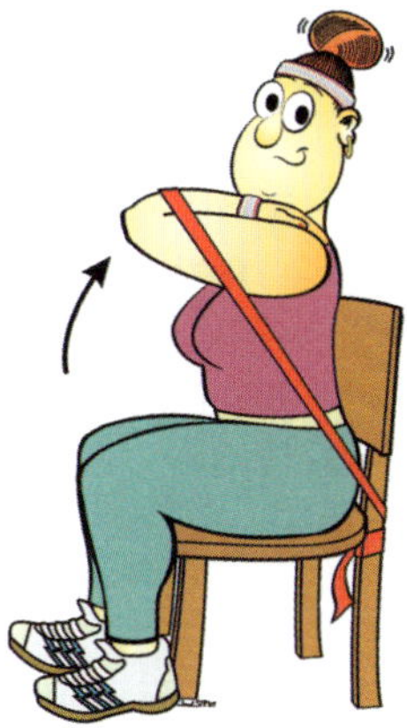

Davon machen Sie bitte 3–5 Durchgänge mit jeweils 15–30 Wiederholungen und Pausen von 20–30 Sekunden dazwischen.

Übung für die Arm- und Brustmuskulatur

Oberarm

Stellen Sie sich bitte aufrecht hin (die Füße stehen dabei etwas mehr als schulterbreit auseinander).
Greifen Sie das eine Ende des Physio-Bandes und stellen Sie den gegenüberliegenden Fuß auf das andere Ende.

Führen Sie nun den Unterarm vor dem Körper nach oben, bis das Band vollständig gestrafft ist. Der Oberkörper und die Beine bewegen sich bei dieser Übung nicht mit.
Davon machen Sie bitte 3–5 Durchgänge mit jeweils 15–30 Wiederholungen und Pausen von 20–30 Sekunden dazwischen.

Schulter

Gleiche Ausgangsposition wie eben.

Führen Sie nun bitte den Arm, mit dem sie das Band festhalten, seitlich nach oben.
Auch hier bewegen sich die Beine und der Oberkörper nicht mit.

Davon machen Sie bitte 3–5 Durchgänge mit jeweils 8–15 Wiederholungen und Pausen von 1–2 Minuten dazwischen.

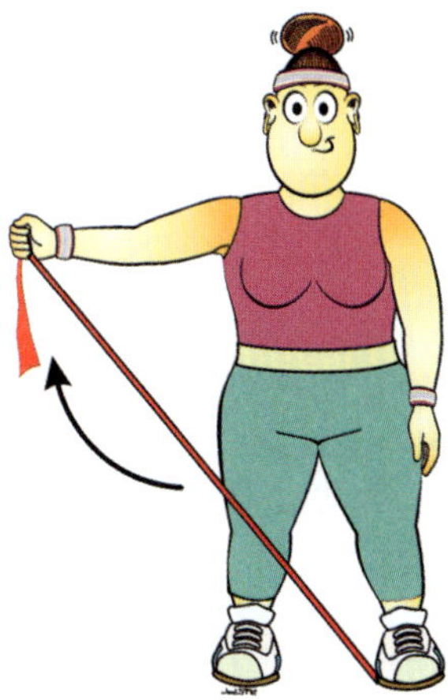

Brustmuskulatur

Legen Sie sich bitte auf den Rücken und winkeln Sie die Beine an.
Das Physio-Band, das Sie auf den Schulterblättern platziert haben, halten Sie mit beiden Händen straff und auf Spannung.

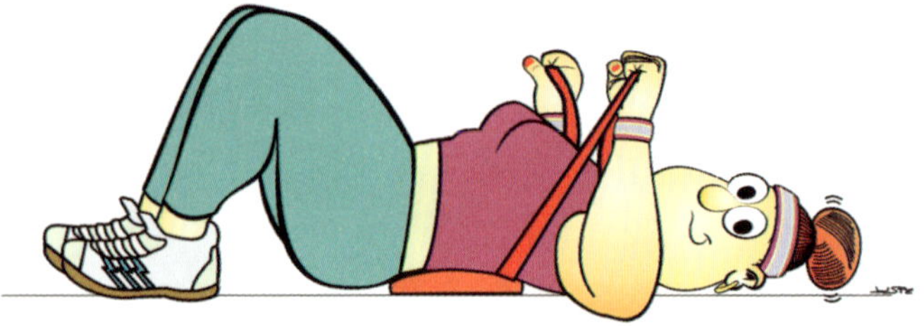

Und nun strecken Sie beide Arme auf Schulterhöhe nach oben durch.
Achten Sie bitte darauf, dass sowohl die Schultern als auch die Lendenwirbelsäule während der gesamten Übung den Boden berühren.

Davon machen Sie bitte 3–5 Durchgänge mit jeweils 8–15 Wiederholungen und Pausen von 1–2 Minuten dazwischen.

Und zum Schluss noch eine leichte Übung für den Po!

Legen Sie sich bitte auf die Seite und halten Sie die beiden Enden des Physio-Bandes mit der freien Hand fest. Das Bein, das oben liegt, ziehen Sie zum Körper und heben es leicht an. Der Fuß wird in die Schlinge des Bandes gesteckt und zieht es straff.

Nun strecken Sie das Bein gegen den Widerstand des Bandes nach hinten weg.
Achtung: Sie sollten auf jeden Fall vermeiden, dass Sie dabei ein Hohlkreuz machen. Winkeln Sie deshalb sicherheitshalber das unten liegende Bein an.

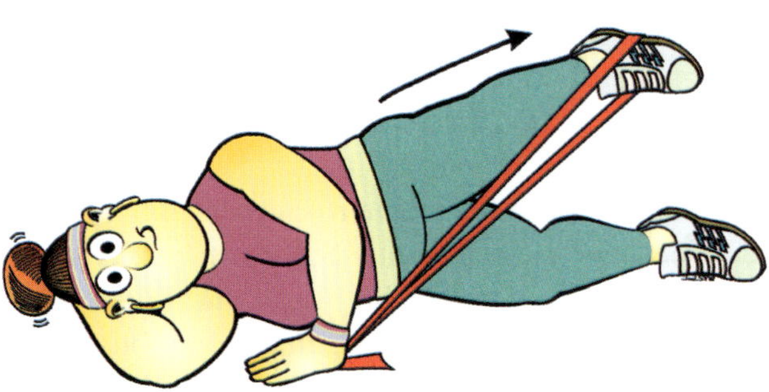

Davon machen Sie bitte 3–5 Durchgänge mit jeweils 8–15 Wiederholungen und Pausen von 1–2 Minuten dazwischen.

Ihr Fitnessprogramm sollten Sie auf jeden Fall mit einer Abwärmphase beenden. Machen Sie also abschließend noch ein paar leichte Dehnübungen.

Mit Ausdauertraining die Leistungsfähigkeit steigern

Ausdauertraining wirkt sich außerordentlich positiv auf die allgemeine Fitness aus und hilft uns dabei, Herz-Kreislauferkrankungen sinnvoll vorzubeugen.
Es ist nie zu spät, mit Sport anzufangen, man muss nur die geeignete Sportart und die richtige Dosierung finden.

Schwimmen

Schwimmen ist nach wie vor eine sehr beliebte Sportart, weil sie sich für jedes Alter eignet. Außerdem lässt sich die Trainingsintensität ausgezeichnet dosieren.
Darüber hinaus kann man diesen Sport wunderbar alleine ausüben, ist jedoch leider auf das Vorhandensein von öffentlichen Bädern oder einem sauberen, leicht erreichbaren See angewiesen. Wenn Sie einen geeigneten Ort gefunden haben, müssen Sie sich nur noch für den Schwimmstil entscheiden, der Ihnen am besten liegt. Gehen Sie die Sache aber bitte ruhig an und überfordern

Sie sich nicht, das Element Wasser hat nämlich auch so seine Tücken und Gefahren.

Rad fahren

Rad fahren ist sowohl etwas für den „Einzelkämpfer" als auch für Gruppenmenschen. Und da es die Gelenke schont, ist es für übergewichtige Menschen besonders gut geeignet. Aber auch die Faulpelze unter uns, die schon lange keinen Sport mehr getrieben haben, werden sich schnell wieder sicher auf diesem genialen Gefährt fühlen und ihren Spaß an dieser flotten und umweltfreundlichen Fortbewegung finden.
Das Tempo, die Dauer und den Schwierigkeitsgrad (nur auf ebenen Strecken oder auch mal einen Berg hoch) kann jeder individuell für sich bestimmen.

Lassen Sie doch ab und zu einfach mal den Wagen stehen und steigen Sie aufs Rad, zum Beispiel wenn Sie zum Lebensmittelgeschäft müssen oder wenn Sie Freunde besuchen wollen.
Leider ist man jedoch etwas von der Witterung, der Beschaffenheit der Straßen und dem Autoverkehr abhängig.
Achtung: Bei einem schlecht angepassten Lenker kann die Wirbelsäule ungünstigt belastet werden.

Jogging

Das Joggen ist, wie wir in allen Parks beobachten können, nach wie vor eine sehr beliebte Trendsportart. Es ist für alle Altersstufen geeignet und hat durch den gleichzeitigen Einsatz vieler Muskelgruppen einen hohen Trainingseffekt. Anfänger sollten die Sache langsam angehen lassen und die Belastung nach und nach steigern.
Positiv ist, dass man mit nur wenig Aufwand zu jeder Zeit und an jedem Ort joggen kann, allerdings werden die Gelenke durch diesen Freizeitsport belastet. Deshalb ist es sehr wichtig, dass man sich geeignetes Schuhwerk besorgt, bevor man sich ins Vergnügen stürzt.

Walking

Das Gehen mit verstärktem Armeinsatz kommt bei uns immer mehr in Mode.

Es ist für den Einstieg in ein sportlicheres Leben bestens geeignet und hat speziell für Menschen mit Übergewicht große Vorteile, weil die Gelenke dabei geschont werden.

Die Stoßkraft beim Walking ist um bis zu zwei Drittel geringer als beim Joggen, außerdem ist die Technik sehr einfach und für jeden leicht zu erlernen.

Wichtig ist vor allem, dass Sie den Oberkörper aufrecht, die Schultern locker und die Bauchmuskulatur stets leicht angespannt halten, damit Sie nicht ins Hohlkreuz fallen.

Die Arme werden beim Walking im 90°-Winkel gehalten und schwingen gegenläufig zur Beinbewegung neben dem Körper vor und zurück. Jetzt sind Sie eigentlich schon bestens für's Walking präpariert. Also nur noch daran denken, die Füße mit der Ferse aufzusetzen und über den Mittelfuß abzurollen – und dann viel Spaß!

Nehmen Sie sich, egal für welche der Ausdauersportarten Sie sich auch entscheiden, während der Fastenkur dreimal in der Woche Zeit für diese körperliche Betätigung. Durch ein unterstützendes Programm verlieren Sie nämlich nicht nur viel schneller an Gewicht, sondern tun auch etwas Gutes für ihren Körper – Sie werden sich bald fitter und wohler fühlen.

Egal, für welchen Sport Ihr Euch entscheidet
Und wie Ihr Euch dabei auch immer kleidet –
Wichtig ist nur, dass Ihr überhaupt was tut.
Ihr habt Euch lange genug schon ausgeruht.
Jetzt heißt es Schuh geschnürt und laufen,
Zwischendurch dürft Ihr natürlich mal verschnaufen.
Aber denkt an Euer großes Ziel
Und sucht Euch das richtige Ventil,
Um eure Pfunde zu verlieren
Und um sportlich zu brillieren.
Dann werden die anderen, die weiterprassen,
Schon bald vor lauter Neid erblassen.

Wie lange sollte die Fastenkur dauern?

Wenn Sie die Turbo-Diät gewissenhaft durchführen und währenddessen regelmäßig Sport treiben, können Sie sich morgens frohgelaunt und stolz auf Ihre Waage stellen, um den Erfolg zu genießen. Trotz dieser schnellen Erfolge sollten Sie es aber nicht gleich übertreiben und lieber in mehreren Etappen (jeweils 5–10 Kilo) abnehmen. Denn Ihre Haut ist ja an einen viel stärker gebauten Körper gewöhnt und muss sich langsam an die neuen Bedingungen anpassen. Wird zu schnell abgenommen, kommt es nämlich im Bindegewebe, besonders bei Frauen, zu sichtbaren Streifen und Falten. Mindern, aber nicht ganz verhindern können Sie das, indem Sie zusätzlich täglich 4 Kapseln einer speziellen Kombination aus Vitaminen, Mineralstoffen, Grünlippmuschelextrakt und Aminosäuren nehmen (s. Seite 72 f) und auf Ihren Säure-Basenhaushalt achten. Sie sollten die Diät daher dann, wenn Sie 5–10 Kilo verloren haben, beenden. Natürlich können Sie nach so einer Fastendiät nicht einfach wieder loslegen und feste Nahrung zu sich nehmen. Sowohl Ihr Magen als auch

Bitte beachten Sie: Beim Fasten kann sich der Säurehaushalt des Körpers verschlechtern. Und zwar so sehr, dass ein Stillstand beim Abnehmen eintritt. Sie sollten ihn deshalb überwachen: Wenn ein Teststreifen, der in jeder Apotheke erhältlich ist, einen schlechten PH-Wert anzeigt, sollten Sie – auch während Ihrer Fastentage – eine Kalium-Magnesium-Basensalz-Kur machen, die Ihre Zellflüssigkeit entsäuert und die Säure-Basen-Ballance Ihres Körpers wieder herstellt

Ihr Darm waren ja eine Zeitlang arbeitslos. Der Darm muss nun schonend darauf vorbereitet werden, dass es mit der Untätigkeit wieder vorbei ist. Außerdem sollten Sie die ersten festen Bissen mit allen Sinnen genießen. Für das sogenannte Fastenbrechen eignet sich am besten eine mager bestrichene Scheibe Toastbrot am Morgen und am Abend. Selbst wenn die Verlockung noch so groß ist, dürfen Sie dazu nichts trinken. Sie sollten das Brot besser einspeicheln, damit es feucht wird.

Nachdem Ihr Magen-Darmtrakt wieder die ersten Erfahrungen mit fester Nahrung gesammelt hat, gönnen Sie sich am Mittag einen Teller oder eine Tasse Fertigsuppe. Am Nachmittag können Sie sich dann mit einem leckeren Joghurt (ohne Zucker) belohnen.

Bereits am zweiten Tag können Sie wieder wie gewohnt essen – weil Ihr Körper ja bereits eingewöhnt wurde. Aber selbstverständlich sollten Sie von nun an die Regeln der gesunden Ernährung beachten.

Der Jo-Jo-Effekt wird nicht zur Plag'
Gibt es das leckere Pulver einmal pro Tag!

1. Eine ideale Mahlzeit sollte nach den neuesten Erkenntnissen zwischen 15 und 30% Prozent Eiweiß, etwa 30–40% Prozent hochwertige Fette und 40–50 Prozent Kohlenhydrate enthalten, die den Insulinspiegel tief halten (sogenannter niedriger glykämischer Index)
2. Männer sollten täglich 2200 bis maximal 2400 Kalorien und Frauen etwa 1500 Kalorien zu sich nehmen.
3. Der Körper sollte ausreichend mit Vitaminen, Mineralstoffen und Ballaststoffen sowie sekundären Pflanzenstoffen versorgt werden.

Wenn Sie sich an diese Regeln halten, dann werden die Pfunde, denen Sie sich so heldenhaft entledigt haben, auch nicht wieder auftauchen und Ihnen den Schlaf rauben.

Damit jedoch zusätzlich Ihr Grundumsatz (siehe Seite 52) konstant auf einem sehr hohen Niveau gehalten wird, ist es sinnvoll, auch künftig täglich eine Mahlzeit durch 2-3 Esslöffel Teelöffel Eiweiß-Honig-Pulver zu ersetzen. Dann werden Sie sich auch in Zukunft fabelhaft fühlen und mit stolz geschwellter Brust allen Herausforderungen des Lebens und der Liebe entgegenblicken können.

Ein kleiner Tipp: Wenn Sie sich abgespannt und schlapp fühlen, sollten Sie einfach mal drei Teelöffel Milch-Honig-Sojaeiweißextrakt mit etwas Flüssigkeit zu sich nehmen und zwei Weizenmehlkekse dazu knabbern. Nach etwa 15 Minuten werden Sie sich wie neu geboren fühlen. Sie können dann glatt wieder Bäume ausreißen.

Und noch ein Tipp: Denken Sie auch daran, dass Sie nach dem Fasten Ihre Ernährungsgewohnheiten umstellen müssen. Schließlich haben Ihnen nicht nur die vielen Kalorien, sondern vor allem auch die Minderwertigkeit der Nahrung das Übergewicht gebracht!

Zum Schluss wollen wir auch die letzten Fragen, die uns auf der Seele brennen, verjagen

Natürlich können Sie während dieser Fastendiät weiter Ihrer Arbeit nachgehen. Sie sind voll belastbar, sollten jedoch die Tipps für den ersten Fastentag beherzigen und es in den ersten drei Tagen insgesamt etwas langsamer angehen lassen. Ansonsten gibt es keine Einschränkungen, im Gegenteil: Dadurch, dass der Stoffwechsel in Schwung gebracht wird, ist auch eine positive Entwicklung bei den Sexualhormonen zu vermelden. Sie werden verstärkt produziert – und das könnte uns, wenn wir wollen, einige vergnügliche Stunden bereiten. Diesbezüglich brauchen wir uns also keine Sorgen zu machen, es könnte höchstens ein weiterer Ansporn sein, eine Eiweiß-Honig-Diät durchzuhalten. Selbstverständlich ist diese Diät auch etwas für ältere Menschen. Speziell ab fünfzig baut unser Körper in vielen Bereichen merklich ab: schrumpfende Muskulatur, erschlaffende Haut und spröde Knochen machen uns dann zu schaffen, und leider geht es auch mit der Sexualität bergab. Mit der Eiweiß-Honig-Diät nehmen Sie nicht nur ab, Sie halten damit auch diese Probleme erfolgreich in Schach.
Sie verlieren also nicht nur Pfunde, sondern steigern zusätzlich auch Ihr Allgemeinbefinden und entdecken möglicherweise längst vergessene Schönheiten des Lebens wieder.

Wie bereits erwähnt: Es ist jedoch wichtig, dass Sie nicht zu viel auf einmal abnehmen, sondern Ihr Gewicht in Etappen abbauen. Wenn Sie also die erste Fastenkur nach ein bis zwei Wochen beendet haben, warten Sie am besten zwei bis drei Wochen, bevor Sie mit der Diät weitermachen. Wenn Sie dann schließlich Ihr gewünschtes Gewicht erreicht haben, sind Sie natürlich nicht verpflichtet, sich auf immer und ewig an eine kalorienarme Ernährung zu halten. Nachdem Sie Ihren Stoffwechsel durch den speziellen Eiweiß-Honig-Trunk erst einmal in Schwung gebracht haben, läuft die Sache fast wie von selbst weiter. Wie bei einem Motor: Wenn er erst einmal läuft, muss man ihn nur noch mit dem richtigen Kraftstoff versorgen. Sie sollten nach der Eiweiß-Honig Diät also darauf achten, sich gesund und ausgewogen zu ernähren. Natürlich dürfen Sie nicht vergessen, auch weiterhin ein wenig Sport zu treiben. Sollten Sie dies alles beachten, steht einem Leben ohne die lästigen Fettpölsterchen nichts mehr im Wege.

Lassen Sie sich also bitte nicht vom Stress und der Hektik unserer Zeit einfangen, jedenfalls nicht, wenn es um Ihre Ernährung geht. Natürlich können Sie ab und zu auch eine Würstchenbude aufsuchen, aber versuchen Sie, dieser ungesunden Versuchung zu widerstehen und essen Sie statt Fast Food lieber etwas Gesundes. Nehmen Sie sich immer etwas Zeit für's Essen, genießen Sie es und gönnen Sie Ihrem Körper das, was er dringend braucht, damit Sie gesund und leistungsfähig bleiben. Was die gute Alma und auch ich geschafft haben, sollte für Sie doch ein Kinderspiel sein!

Also alles Gute für die Diät und viel Spaß in Ihrem neuen Leben ohne lästige Fettpölsterchen.

Es ist geschafft!
Wie heldenhaft!
Die Fettpölsterchen sind weg,
Nie wieder krieg ich einen Schreck,
Wenn ich von nun an in den Spiegel blicke.
Da sehe ich nämlich nicht mehr die „Dicke“,
Die ich früher mal war
(So kolossal wie ein Dromedar).
Nein, nun erblicke ich ein Wesen, schlank und rank
Und das verdank ich diesem genialen Zaubertrank.
Drum habt Vertrauen, seid nicht dumm,
Schlagt euch nicht länger mit überflüssigen Pfunden herum,
Macht eine Diät,
es ist nie zu spät,
Damit eure Lebensgeister wieder erwachen
Und das erloschene Feuer in Euch neu entfachen.

Literatur

Baur, Christof, Thurner, Bernd: Trainingsprogramm Bauch-Beine-Po. Augsburg 2000

Deutsche Gesellschaft für Ernährung: Ernährungsbericht 1996

dtv-Atlas Ernährung. München 2000

Engels, Dr. med Tanja: Fit for Fun – Optimal trainieren. Für mehr Fitness und sportlichen Erfolg. München 2000

Oberbeil, Klaus: Fit durch gesunde Ernährung. Nahrung, die heilt. München 1999

Oberbeil, Klaus: Fit durch Proteine. Powernahrung für Fitness und Vitalität. München 2000

Ronsard, Nicole: Das Anti-Cellulite-Erfolgsprogramm. Reinbek bei Hamburg o.J.

Szirmai, F., Klosa, J., Gonsior, B., Srebo, Z., McGuigan, F. J. und Szirmai-Bartos, M.: Nahrung als natürliche Medizin. in: Biologische Medizin, Heft 2, April 1987

Ulrich, Wolf: Zellulitis ist heilbar. Orangenhaut – Vorbeugen und selbst behandeln. Düsseldorf 1995

Zänker, Kurt: Neue Wege in der experimentellen und klinischen Krebsforschung und Therapie. In: Lerner, M.: Krebs – Wege zur Heilung. München 2000